Mein Haus energetisch sanieren

Reto Westermann
Üsé Meyer

Mein Haus energetisch sanieren

Komfort verbessern, Kosten senken, Klima schützen

Ein Ratgeber aus der Beobachter-Praxis

Die Autoren

Reto Westermann ist diplomierter Architekt ETH, freier Journalist BR und schreibt für Magazine, Zeitungen und Fachpublikationen regelmässig über die Bereiche Architektur, Immobilien, Bauen und energetisch Sanieren. **Üsé Meyer** ist freier Journalist BR und schreibt für verschiedene Magazine und Zeitungen unter anderem über die Bereiche Bauen und Immobilien. Die beiden sind auch Autoren der Beobachter-Ratgeber «Der Weg zum Eigenheim. Kauf, Bau, Finanzierung und Unterhalt» sowie «Umbauen, Renovieren, Erweitern. Machen Sie das Beste aus Ihrem Eigenheim» (www.alpha-media.ch).

Dank

Wir danken folgenden Personen und Institutionen, die uns beim Verfassen des Ratgebers unterstützt haben: Petra und Hanspeter Althaus; Cécile Amstutz Seefeld und Stephan Seefeld; Daniel Bächtold, Erdgas Schweiz, Zürich; Marco Bendotti, Stefan Brändle, Martin Meier, Meier + Steinauer Partner AG, Zürich; Patrick Frei, PF Architektur, Winterthur; Richy Fürsinger, Architekt, Stans; Christine und Laurent Gaillard; Mathias Grimm, Holzenergie Schweiz, Zürich; Martin Jakob, TEP Energy GmbH, Zürich; Architekturbüro Beat Kämpfen, Zürich; Kurt Nüesch, Stadt Winterthur; Verena Schmid und Roland Eberle, Zürich; David Stickelberger, Swissolar, Zürich.
Für das Fachlektorat danken wir: Armin Binz, Verein Minergie, Bern; Thomas Scheiwiller, Planforum GmbH, Winterthur; Patrick Strub, Beobachter-Beratungszentrum, Zürich; Christian Zeyer, WWF, Zürich

Beobachter-Buchverlag
© 2010 Axel Springer Schweiz AG
Alle Rechte vorbehalten
www.beobachter.ch

Herausgeber: Der Schweizerische Beobachter, Zürich
Lektorat: Käthi Zeugin
Cover: Krisztina Faller (Grafik), Luxwerk Candrian/Jaggi (Bild)
Satz: Bruno Bolliger

ISBN 978 3 85569 430 3

Dieses Buch wurde auf chlor- und säurefreiem Papier gedruckt.

Inhalt

4. Die energetische Sanierung der Liegenschaft

8. Mehrfamilienhäuser energetisch sanieren

9. Zehn Beispiele aus der Praxis

Anhang 217

Vorwort

Das eigene Haus energetisch zu sanieren, ist sinnvoller denn je. Erstens ist in Zukunft mit einem Anstieg der Preise für Erdöl und Erdgas zu rechnen, was das Wohnen in schlecht isolierten Gebäuden merklich verteuern wird. Zweitens ist der Schutz unseres Klimas immer vordringlicher, und drittens sollte auch aus finanzieller Sicht gerade jetzt saniert werden: Denn bis 2019 stehen dafür Fördermittel von jährlich gegen 300 Millionen Franken bereit.

Das Sanierungspotenzial ist hoch: Ein Grossteil der Liegenschaften in der Schweiz verbraucht ein Mehrfaches der Energie, die tatsächlich nötig wäre. Verantwortlich dafür ist die früher übliche Bauweise ohne oder nur mit einer dünnen Wärmedämmung.

Deshalb tun Sie gut daran, etwa im Rahmen einer Renovation auch in die Wärmedämmung Ihres Hauses zu investieren. Damit profitieren Sie gleich mehrfach: Die Nebenkosten sinken massiv, der Wohnkomfort steigt und dank den staatlichen Fördergeldern erhalten Sie erst noch einen Beitrag an die Investitionskosten.

Vielen Hausbesitzern ist zwar die Notwendigkeit einer verbesserten Wärmedämmung klar, sie wissen jedoch oft nicht, wo der Hebel anzusetzen ist – mit dem Ergebnis, dass Sanierungen zu spät oder gar nicht angegangen werden oder dass unnötige und teure Fehler passieren. Dieser Ratgeber hilft Ihnen bei der Realisierung Ihrer Pläne und zeigt Schritt für Schritt, wie Sie am besten vorgehen, welche Fachleute Ihnen bei der Umsetzung helfen und welche Massnahmen Sie kurz- und mittelfristig ergreifen können. Die erfolgreiche energetische Sanierung wird nicht nur für tiefere Nebenkosten und mehr Komfort sorgen, sondern auch Ihre persönliche Umweltbilanz verbessern.

Bei der Umsetzung Ihrer Erneuerungspläne wünschen wir Ihnen viel Erfolg.

Reto Westermann, Üsé Meyer
Winterthur, im April 2010

Einstieg ins Projekt

Ein besonnenes Vorgehen, der Beizug von Fachleuten, eine umfassende Gesamtplanung und die fachgerechte Umsetzung – das sind die Schlüssel zu einer erfolgreichen und wirtschaftlich sinnvollen energetischen Sanierung eines Gebäudes.

Zehn Tipps für die erfolgreiche energetische Sanierung

1. Gesamtkonzept

Beginnen Sie nicht wahllos mit den energetischen Sanierungsarbeiten, sondern erstellen Sie zuerst ein Gesamtkonzept. So stellen Sie sicher, dass alle Sanierungsschritte optimal aufeinander abgestimmt sind und das gewünschte Ziel erreicht wird. Starten Sie die Arbeiten ohne Gesamtkonzept, besteht das Risiko, dass Sie viel Geld für wenig wirksame Massnahmen ausgeben (mehr dazu lesen Sie auf Seite 45).

2. Beratung

Das Beratungsangebot im Bereich der energetischen Sanierung von Gebäuden ist heute breit. Scheuen Sie nicht, dieses Angebot in Anspruch zu nehmen. Der erste Weg führt meist zu einem Energieberater. Er stellt eine Liste der energetischen Schwachstellen Ihres Hauses zusammen und gibt Ihnen Empfehlungen für die Behebung ab. Sobald die Umsetzung der baulichen Massnahmen ein gewisses Mass übersteigt, ist es sinnvoll, eine Architektin mit entsprechendem Wissen beizuziehen. Mehr zum Thema Sanierungsfachleute erfahren Sie auf Seite 59 und 63.

3. Finanzierung

Eine umfassende energetische Sanierung ist nicht ganz günstig. Unter Umständen reichen Ihre finanziellen Rücklagen dafür nicht aus. Deshalb sollten Sie frühzeitig abklären, welchen Teil der anfallenden Kosten Sie aus eigenen Mitteln bezahlen können und welchen Teil Sie mit der Aufstockung einer Hypothek finanzieren müssen. Viele Banken halten für energetische Verbesserungen spezielle Hypotheken mit günstigeren Bedingungen bereit (siehe Seite 165).

4. Fördergelder

Im Rahmen des CO_2-Gesetzes und der CO_2-Abgabe auf fossilen Brennstoffen stellen Bund und Kantone seit Anfang 2010 jährlich mehrere Hundert Millionen Franken Fördergelder für die energetische Sanierung von Gebäuden zur Verfügung. Klären Sie frühzeitig ab, ob auch Sie davon profitieren können. Wichtig zu wissen: Solche Beiträge werden in der Regel nur bewilligt, wenn der Antrag vor Baubeginn eingereicht wurde. Alles Wichtige zum Thema Fördergelder erfahren Sie ab Seite 159.

5. Steuern

Die energetische Sanierung eines Gebäudes wird nicht nur mit Fördergeldern finanziell unterstützt, sondern die Kosten dafür dürfen auch in der Steuererklärung abgezogen werden. Durch die geschickte Aufteilung der Arbeiten können Sie die Abzüge auf zwei Jahre verteilen; der Einspareffekt fällt dadurch – je nach Einkommenssituation – deutlich höher aus. Mehr zur steuergünstigen Sanierung lesen Sie auf Seite 170.

6. Synergien

Realisieren Sie die energetischen Massnahmen wenn immer möglich in Kombination mit sowieso anstehenden Erneuerungsarbeiten an der Liegenschaft. Etwa indem Sie die Fassade dann isolieren, wenn der Anstrich wieder einmal erneuert werden muss. Dadurch entstehen Synergien, und die Kosten für die eigentliche energetische Verbesserung fallen tiefer aus (mehr zur kostensparenden Kombination von Arbeiten auf Seite 60 und 152).

7. Ausführung

Für die Ausführung der energetischen Sanierung benötigen Sie verschiedenste Handwerker. Wählen Sie diese sorgfältig aus. Vor allem bei Isolationsarbeiten an bestehenden Gebäuden sollten Ihre Partner ausreichend Fachwissen besitzen, damit später keine Bauschäden entstehen. Die Zusammenarbeit mit Firmen, die über entsprechende Referenzen verfügen, ist deshalb wichtig. Wie Sie die richtigen Handwerker auswählen, lesen Sie ab Seite 100.

8. Schnittstellen

Sofern es die finanziellen Verhältnisse zulassen, sollten Sie alle Erneuerungsarbeiten auf einmal durchführen. So gibt es keine Schnittstellenprobleme, Sie werden nicht während Jahren immer wieder durch Baustellen im und ums Haus herum gestört und Sie profitieren schneller von tieferen Nebenkosten und einem höheren Wohnkomfort (mehr dazu auf Seite 72).

9. Stockwerkeigentum

Bei Eigentumswohnungen ist die energetische Sanierung des Gebäudes Sache der Stockwerkeigentümergemeinschaft. Nur diese kann darüber bestimmen, welche Sanierungsarbeiten an Fassade, Fenstern, Dach oder Heizung durchgeführt werden. Die anderen Eigentümer für energetische Massnahmen zu begeistern, braucht manchmal einiges an Überzeugungskraft. Wie Sie argumentieren können, lesen Sie ab Seite 183.

10. Verhalten

Die energetische Sanierung hilft mit, Ihren persönlichen Energiever-brauch nachhaltig zu senken. Doch sie ist nur ein Stück im ganzen Puzzle. Ebenso wichtig ist Ihr persönliches Verhalten. Durch einen sorgfältigen Umgang mit Energie in den eigenen vier Wänden lässt sich die persönliche Energiebilanz gleich nochmals verbessern. Mehr zu Ihrer persönlichen Energiebilanz erfahren Sie auf Seite 26.

Warum energetisch erneuern?

Heizung und Warmwasser sind für fast die Hälfte unseres Energieverbrauchs verantwortlich. Entsprechend grosses Potenzial hat die energetische Erneuerung von Gebäuden für den Klimaschutz. Aber auch als Hausbesitzer profitieren Sie direkt – dank mehr Wohnkomfort und tieferen Nebenkosten.

Gebäudepark mit Potenzial

Rund zwei Millionen Gebäude stehen in der Schweiz. In fast jedem sind Anlagen zur Beheizung und zur Aufbereitung von Warmwasser vorhanden. Entsprechend gehört der Gebäudepark zu den grössten Energieverbrauchern. Rund vierzig Prozent aller Energie, die hierzulande konsumiert wird, geht zulasten von Heizung und Warmwasseraufbereitung. Zum Vergleich: Der gesamte Verkehr bringt es auf rund 35 Prozent am Gesamtverbrauch.

Hauptverbraucher im Gebäudebereich sind die privaten Haushalte: Sie brauchen zusammen doppelt so viel Energie für Heizung und Warmwasser wie alle Dienstleistungs- und Industriegebäude.

Der hohe Anteil von Heizung und Warmwasseraufbereitung an der Gesamtenergiebilanz zeigt deutlich, dass hier grosse Sparpotenziale liegen. Entsprechend sind die Bemühungen von Bund und Kantonen zur Senkung des CO_2-Ausstosses stark auf die Gebäude ausgerichtet (siehe Seite 25).

Warum der Energieverbrauch sinken muss

Seit dem Jahr 1950 hat sich der Energieverbrauch in der Schweiz fast verfünffacht. Daran beteiligt sind alle Bereiche des täglichen Lebens: Verkehr, Arbeit, Wohnen und Freizeit. Dieser massive Zuwachs hat in den letzten 50 Jahren Spuren hinterlassen:

— Der Ausstoss des schädlichen Klimagases CO_2 hat sich verstärkt – und mit ihm auch das Risiko von Klimaveränderungen.

— Die Förderung der nötigen Energiemengen führt zu Umweltproblemen, sei dies in Form von neuen Wasser-, Atom-, Kohle- oder Gaskraftwerken, sei es durch die Erschliessung immer neuer Erdöl- und Gasvorkommen in ökologisch sensiblen Gebieten.

— Der hohe Verbrauch an fossilen Brennstoffen bedeutet für die Schweiz eine grosse Abhängigkeit von ausländischen Lieferanten. Lieferengpässe oder die Verteuerung von Öl und Gas können entsprechend grosse Auswirkungen auf Wirtschaft und Lebenskosten haben.

Aus all diesen Gründen ist es sinnvoll, den Energieverbrauch wo immer möglich zu senken. In vielen Fällen ist dies ohne Komforteinbusse möglich.

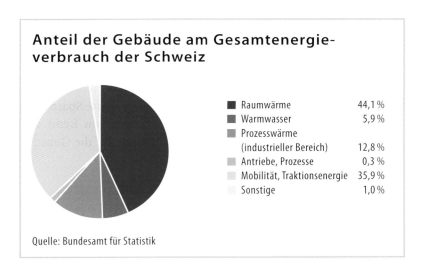

Anteil der Gebäude am Gesamtenergieverbrauch der Schweiz

■ Raumwärme	44,1 %
■ Warmwasser	5,9 %
■ Prozesswärme (industrieller Bereich)	12,8 %
■ Antriebe, Prozesse	0,3 %
■ Mobilität, Traktionsenergie	35,9 %
■ Sonstige	1,0 %

Quelle: Bundesamt für Statistik

Stark überalterter Gebäudebestand

Die grosse Neubautätigkeit der letzten Jahre täuscht: Der Gebäudepark in der Schweiz wächst jährlich nur um ein Prozent. Dank der schärferen energetischen Vorschriften der letzten Jahre (siehe Seite 25) weisen die Neubauten einen vergleichsweise tiefen Energieverbrauch auf. Ganz anders die bestehenden Gebäude: Hier liegt vieles im Argen und die Sparpotenziale beim Energieverbrauch sind entsprechend hoch.

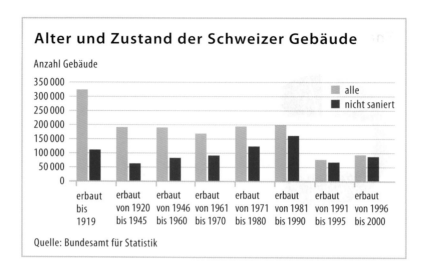

Alter und Zustand der Schweizer Gebäude

Anzahl Gebäude

alle
nicht saniert

| erbaut bis 1919 | erbaut von 1920 bis 1945 | erbaut von 1946 bis 1960 | erbaut von 1961 bis 1970 | erbaut von 1971 bis 1980 | erbaut von 1981 bis 1990 | erbaut von 1991 bis 1995 | erbaut von 1996 bis 2000 |

Quelle: Bundesamt für Statistik

Rund drei Viertel aller Gebäude sind älter als 25 Jahre, stammen also aus einer Epoche, in der es keine oder bloss marginale Wärmedämmvorschriften gab. Saniert wurde bisher eher verhalten: Nur gut die Hälfte der vorhandenen Gebäude hat in den letzten knapp 30 Jahren überhaupt eine Erneuerung erfahren und in vielen Fällen beschränkte sich die Sanierung auf das Auffrischen von Oberflächen oder den Austausch defekter Bauteile.

Fossile Brennstoffe als Hauptenergieträger

In den letzten Jahren haben moderne Heizsysteme wie Pelletöfen und vor allem Wärmepumpen herkömmlichen Heizungen mit Gas- oder Ölfeuerung bei den Verkaufszahlen den Rang abgelaufen. Trotzdem sank der Verbrauch an fossilen Brennstoffen nur marginal. Grund dafür ist der grosse Anteil an Altbauten mit hohem Energieverbrauch. Ein Vergleich: Ein modernes Wohnhaus mit MinergieStandard verbraucht pro Quadratmeter und Jahr maximal 38 Kilowattstunden Energie für Heizung und Warmwasser. Bei einem unsanierten Altbau kann dieser Wert locker das Fünffache betragen.

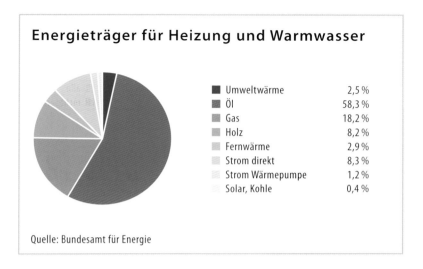

Energieträger für Heizung und Warmwasser

■ Umweltwärme	2,5 %
■ Öl	58,3 %
■ Gas	18,2 %
■ Holz	8,2 %
■ Fernwärme	2,9 %
■ Strom direkt	8,3 %
■ Strom Wärmepumpe	1,2 %
■ Solar, Kohle	0,4 %

Quelle: Bundesamt für Energie

Würde ein solcher Altbau wenigstens nach den aktuellen Wärmedämmvorschriften für Sanierungen isoliert (MuKEn, siehe Seite 25), liesse sich der Verbrauch halbieren, bei einer Erneuerung nach dem Minergie-Standard gar auf einen Drittel reduzieren.

Mit einer Sanierung des gesamten Gebäudebestands der Schweiz liesse sich also nicht nur der Energieverbrauch massiv verkleinern, sondern auch die Abhängigkeit von den Energielieferanten ginge zurück und die Umwelt würde entlastet. Insbesondere der Ausstoss an CO_2 wäre sehr viel tiefer.

Die Klimapolitik der Schweiz

Der Bund setzt sich seit vielen Jahren für den Klimaschutz ein. Bereits 1993 unterzeichnete er die UNO-Klimakonvention und zehn Jahre später das Kyoto-Protokoll. Dieses verpflichtet Industriestaaten wie die Schweiz, die Emissionen von Treibhausgasen zwischen 2008 und 2012 um acht Prozent gegenüber dem Stand von 1990 zu verringern.

Das Hauptaugenmerk gilt dabei dem Ausstoss von CO_2, das mit 85 Prozent den grössten Teil der klimarelevanten Gase ausmacht. Im Jahr 1999 wurde deshalb das CO_2-Gesetz erlassen. Es setzt vor allem auf freiwillige Massnahmen von Wirtschaft und Privaten, sieht aber auch die Möglichkeit einer CO_2-Abgabe vor, falls die Ziele auf freiwilliger Basis nicht erreicht werden. Bereits 2008 wurde eine solche Abgabe auf fossilen Brennstoffen (Öl und Gas) eingeführt.

Im Rahmen der anstehenden Revision des CO_2-Gesetzes ist eine weitere Senkung der Treibhausemissionen ab dem Jahr 2010 vorgesehen. Als vorgezogener Teil der Revision wurde per 1. Januar 2010 das neue «Gebäudeprogramm» in Kraft gesetzt (siehe Seite 159).

Klimawandel

Seit rund 250 Jahren verändert der Mensch durch die Emission von Treibhausgasen die Zusammensetzung der Atmosphäre. Dies verstärkt den natürlichen Treibhauseffekt und kann zu Veränderungen des Klimas führen. Ein Indiz für diese Entwicklung ist der vergleichsweise starke Anstieg der weltweiten Durchschnittstemperatur seit dem Jahr 1970, die sich nur mit natürlichen Klimaschwankungen nicht mehr erklären lässt. Als wahrscheinliche Ursache dafür gelten die Treibhausgase, die bei der Verbrennung von fossilen Brennstoffen entstehen, allen voran das Kohlendioxid (CO_2).

Auch wenn die Zunahme der weltweiten Durchschnittstemperatur in den letzten 100 Jahren weniger als ein Grad betrug, könnte sie doch weitreichenden Einfluss auf unser Leben haben. So steigt durch das Abschmelzen der Polkappen der Pegel der Meere, was in küstennahen, flachen Gebieten zu Überschwemmungen führen kann. Und durch die wärmeren Wasserströme verändern sich die globalen Winde, was ausgeprägtere Dürre- und Trockenzeiten sowie eine grössere Zahl gefährlicher Stürme zur Folge haben kann.

Mit Abkommen wie dem Kyoto-Protokoll versucht die weltweite Staatengemeinschaft deshalb, den Ausstoss von CO_2 und damit den Temperaturanstieg und die Klimaveränderung zu stoppen oder zumindest zu verlangsamen.

Gebäude im Fokus

Um die gesteckten Ziele der CO_2-Reduktion zu erreichen, haben Bund und Kantone neben dem Verkehr und der Industrie vor allem die Gebäude im Fokus. Die hohen Verbrauchszahlen für Heizenergie und der Sanierungsrückstand eröffnen in diesem Bereich grosse Potenziale. Der Staat verfolgt mehrere Ziele:

— Aufklärungsarbeit und Motivation zu energetischen Verbesserungen an den Gebäuden, beispielsweise durch Aktionsprogramme wie Energie Schweiz

— Motivation durch Fördergelder. Bis Ende 2009 diente dazu der Klimarappen, der aus Abgaben auf Treibstoffen finanziert wurde, Anfang 2010 wurde er durch das «Gebäudeprogramm» ersetzt, das auf zehn Jahre angelegt ist (mehr dazu auf Seite 159).

— Einführung der CO_2-Abgabe auf fossilen Brennstoffen für Heizungen im Januar 2008

— Verschärfung der Wärmedämmvorschriften für Neubauten und umfangreiche Sanierungen von bestehenden Gebäuden im Rahmen der Mustervorschriften der Kantone im Energiebereich (MuKEn, siehe unten)

Neue Wärmedämmvorschriften Im Frühling 2008 hat die Energiedirektorenkonferenz beschlossen, die neu ausgearbeiteten Mustervorschriften der Kantone im Energiebereich (MuKEn) für verbindlich zu erklären. Diese sehen vor, den Energieverbrauch für Neubauten auf umgerechnet 4,8 Liter Heizöl pro Quadratmeter und Jahr zu begrenzen, für sanierte Objekte auf 9 Liter. Bis anhin galten für Neubauten 9 Liter (siehe Grafik) und bei Sanierungen waren in vielen Fällen keine speziellen Vorgaben zu beachten. Ebenfalls neu ist die Vorschrift, einen Teil der Energie für Heizung und Warmwasser aus nicht fossilen Quellen zu beziehen, sowie ein Verbot der Installation klassischer Elektroboiler (Ausnahme: Tausch bestehender Geräte).

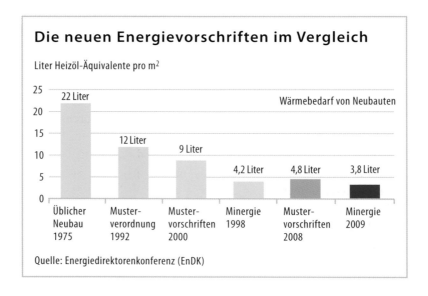

Die neuen Energievorschriften im Vergleich

Liter Heizöl-Äquivalente pro m^2

Wärmebedarf von Neubauten

- 22 Liter — Üblicher Neubau 1975
- 12 Liter — Musterverordnung 1992
- 9 Liter — Mustervorschriften 2000
- 4,2 Liter — Minergie 1998
- 4,8 Liter — Mustervorschriften 2008
- 3,8 Liter — Minergie 2009

Quelle: Energiedirektorenkonferenz (EnDK)

Im Herbst 2008 passte mit dem Tessin der erste Kanton seine Gesetze und Verordnungen für den Baubereich an, bis 2011 folgen alle anderen Kantone. Die lange Dauer der Einführung hat damit zu tun, dass in einzelnen Kantonen Gesetze geändert werden müssen, was eine Zustimmung des Parlaments erfordert.

Testen Sie Ihre persönliche Ökobilanz

Da Sie eine energetische Sanierung Ihres Hauses ins Auge fassen, ist anzunehmen, dass Sie sich bereits Gedanken zu Ihrem persönlichen Energieverbrauch gemacht haben. Wenn Sie sich fragen, wie und wo Sie Ihr ökologisches Verhalten verbessern könnten, sollten Sie zuerst einmal eine Ahnung davon haben, wo Sie derzeit stehen: Sind Sie ein Energieverschwender? Gehören Sie schon heute zu den energiebewussten Personen?

Im Internet gibt es mittlerweile diverse Tests, die Ihnen einerseits schonungslos aufzeigen, ob Sie vergleichsweise viel Ressourcen verbrauchen, und andererseits Tipps geben, wie Sie Energie und damit

Ressourcen sparen können. Sie werden sehen: Gerade im Wohnbereich gibt es oft ein grosses Sparpotenzial. Hier eine Auswahl solcher Tests.

www.footprint.ch Mit diesem Online-Test vom WWF können Sie Ihr ökologisches Verhalten mit dem des Schweizer Durchschnitts vergleichen. Der menschliche Ressourcenverbrauch (zum Beispiel Heizenergie, Treibstoff, Nahrungsmittel) wird dabei nicht wie gewohnt in Kilogramm, Litern oder Kilowatt ausgedrückt, sondern in Quadratmeter umgerechnet. Dieser sogenannte Fussabdruck-Wert zeigt, wie viel Fläche der Welt benötig wird, um die von Ihnen gebrauchten Ressourcen bereitzustellen – unter der Annahme, dass alle so leben wie Sie. Ausserdem erhalten Sie vom Computer Vorschläge, wie Sie Ihren persönlichen Lebensstil mit einfachen Massnahmen ökologischer gestalten könnten.

 Die fünfköpfige Familie T. macht den Footprint-Test – und stellt fest, dass sie für ihren Lebensstandard enorm viel Ressourcen braucht. Die T.s heizen alle Zimmer ihres gut 30-jährigen, relativ grossen Einfamilienhauses auf mindestens 22 Grad, essen viel Fleisch, benutzen recht häufig das Auto und fliegen einmal im Jahr in die Ferien. Damit kommen sie auf den Wert von 2,7. Das heisst, wenn alle Menschen auf der Welt so leben würden wie Familie T., bräuchte es 2,7-mal so viel Ressourcen, wie die Erde überhaupt zur Verfügung stellen kann.

 Selbst bei einem energiebewussten Lebensstil ist dieser Wert eindrücklich hoch: Meret G. lebt allein in einer kleinen Zweizimmerwohnung in einem Minergie-Haus, die sie nur auf 20 Grad heizt. Sie ist Vegetarierin, hat ein unterdurchschnittliches Konsumverhalten und benutzt ausschliesslich das Fahrrad oder öffentliche Verkehrsmittel. Sie kommt auf einen Wert von 2,1.

www.ecospeed.ch Mit dem Rechner unter ECOPrivate können Sie Ihren ungefähren Energie- und CO_2-Verbrauch bestimmen und gleich mit dem Schweizer Durchschnitt vergleichen. Der Rechner zeigt Ihnen zudem, wo Sie mit welchen Massnahmen wie viel Energie oder CO_2 sparen könnten. In Ihrer Bilanz wird auch die graue Energie mit eingerechnet. Das ist die Energie, die aufgewendet wurde für die Produktion der Güter und Dienstleistungen, die Sie konsumieren.

www.proclim.ch/facts/pcc/pcc.html Hier berechnen Sie Ihre persönliche CO_2- und Energiebilanz für die Lebensbereiche Ernährung, Wohnen, Mobilität und Konsum. Sie können Ihre Bilanz auch mit dem durchschnittlichen Verbrauch in anderen Regionen der Welt vergleichen.

www.stadt-zuerich.ch/energiespiel Wie stark belasten Sie das Klima? Wie viel Energie brauchen Sie in Ihrem Alltag – beim Wohnen, Essen, Reisen und in der Freizeit? Mit dem Energiespiel der Stadt Zürich erstellen Sie Ihr ganz persönliches Energieprofil und lernen, wie Sie es verbessern können.

Was bringt eine energetische Verbesserung?

Umweltschutz und ein tieferer Energieverbrauch sind nur zwei Argumente für die energetische Sanierung der eigenen vier Wände. Ob sich die Investitionen rechnen, hängt stark von der Ausgangslage, der künftigen Entwicklung der Energiepreise, aber auch von Ihrer persönlichen Einstellung ab. Beziehen Sie alle diese Faktoren ein, wenn Sie für sich das Dafür und Dawider abwägen.

Für Laien ist der Unterschied zwischen einer normalen Sanierung und einer energetischen Sanierung eines Hauses nicht immer ganz offensichtlich.

— **Normale Sanierung**
Erneuerung von Oberflächen, technischen Anlagen und festen Einrichtungsgegenständen, ohne dass dadurch eine markante Senkung des Energieverbrauchs erreicht wird. Typische Beispiele: die Erneuerung von Küchen und Bädern, der Austausch elektrischer Leitungen, ein Neuanstrich der Fassade oder der Ersatz von Regenrinnen.

— **Energetische Sanierung**
Verbesserung der Gebäudehülle und meist auch der Heizanlage mit dem Ziel, den Energieverbrauch des Gebäudes spürbar zu senken. Dazu zählen etwa die Isolation der Fassade und des Daches, der Austausch der Fenster gegen besser dämmende Modellen, der Ersatz der Heizungsanlage oder die Montage eines Sonnenkollektors.

Irina F. besitzt einen Bungalow aus den Siebzigerjahren. Die hohen Heizkosten bereiten ihr zwar kein Kopfzerbrechen, doch der Wohnkomfort in den kalten Monaten befriedigt sie nicht. Trotz voll aufgedrehter Radiatoren braucht sie im Wohnzimmer einen dicken Pullover. Und im Badezimmer hat sie immer wieder mit Schimmel zu kämpfen. Nach der energetischen Sanierung des Gebäudes ist Frau F. erstaunt, wie stark sich der Wohnkomfort verbessert hat.

Die ganzheitliche Betrachtungsweise

Mit der energetischen Sanierung Ihres Hauses sinken nicht nur der Energieverbrauch und die Nebenkosten. Auch eine Reihe weiterer Faktoren können sich dabei positiv verändern – mit ein Argument für die Investition in eine bessere Wärmedämmung und die Erneuerung der Heizanlage. Die folgenden Punkte zeigen Ihnen, in welche Richtung die Überlegungen gehen sollten. Mit der Tabelle auf Seite 31 können Sie abwägen, welche davon Ihnen wichtig sind.

Mehr Wohnqualität Kalte Wände, Durchzug – trotz voll aufgedrehter Heizung fühlt man sich in unisolierten Altbauten bei einem längeren Aufenthalt oft nicht sehr wohl. Die Abstrahlung der kalten Wände und die kühle Zugluft lassen einen frösteln, obwohl das Thermometer 22 Grad anzeigt.

Eine dichte Gebäudehülle und eine gute Wärmedämmung machen damit Schluss und steigern den Wohnkomfort: Das Raumklima wird besser, die Temperaturen sind ausgeglichen. Punkte, die sich nicht einfach in Franken und Rappen quantifizieren lassen. Positiv wirken sich eine bessere Wärmedämmung und neue Fenster auch aus, wenn das Haus in einer lärmigen Umgebung steht – vor allem, wenn Sie zusätzlich noch eine Komfortlüftung einbauen (siehe Seite 146). Dann nämlich bleibt der Lärm grösstenteils draussen und trotzdem sind alle Räume gut gelüftet.

Mehr Wohnfläche Oft ist eine energetische Sanierung auch Anlass, die Grundrissaufteilung zu überdenken und bisher ungenutzte Räume neu für Wohnzwecke zu erschliessen. Planen Sie beispielsweise die Isolation des Daches, können Sie im gleichen Zug und mit vertretbarem Aufwand auch den Estrich zu Wohnräumen umbauen. Das bringt mehr Fläche, mehr Komfort und in den meisten Fällen auch eine Wertsteigerung des Hauses bei einem Wiederverkauf.

Mehr Wert Die Zeiten, als der Kauf eines Hauses eine Investition fürs Leben war, sind auch hierzulande vorbei. Wer etwa aus beruflichen Gründen umziehen muss, verkauft seine Liegenschaft oft. Dann muss sich das Objekt mit anderen messen. Mehr Wohnfläche, eine frische Optik, ein tiefer Energieverbrauch und ein zeitgemässes Heizsystem sind dabei wichtige Kaufargumente. Investieren Sie rechtzeitig in diese Bereiche, haben Sie nicht nur selber etwas davon, sondern sorgen auch dafür, dass Ihr Haus seinen Marktwert behält oder gar steigert.

Weniger Schadstoffausstoss Eine neue Heizung allein senkt den Schadstoffausstoss eines älteren Hauses nur bedingt, auch wenn

Was spricht für eine energetische Sanierung?

Überlegen Sie, wie wichtig die sechs Hauptpunkte für Sie sind, und setzen Sie an der entsprechenden Stelle ein Kreuz. Je mehr Kreuze in der linken Hälfte der Tabelle stehen, desto wichtiger ist eine energetische Erneuerung für Sie und desto eher sind Sie bereit, dafür Geld zu investieren.

Kriterium	Sehr wichtig						Völlig unwichtig
Steigerung der Wohnqualität	☐	☐	☐	☐	☐	☐	☐
Vergrösserung der Wohnfläche	☐	☐	☐	☐	☐	☐	☐
Wertsteigerung	☐	☐	☐	☐	☐	☐	☐
Verbesserung der Ökobilanz	☐	☐	☐	☐	☐	☐	☐
Senkung der Nebenkosten	☐	☐	☐	☐	☐	☐	☐
Verminderung der Abhängigkeit	☐	☐	☐	☐	☐	☐	☐

moderne Brenner um einiges effizienter arbeiten. Mit einer dichten und gut isolierten Gebäudehülle hingegen nimmt der Energieverbrauch – und somit auch der Ausstoss an CO_2 – massiv ab. Damit leisten Sie einen wichtigen Beitrag zum Umweltschutz.

Weniger Nebenkosten Neben den Hypothekarzinsen sind die Nebenkosten die grösste Belastung für einen Hausbesitzer. Eine energetische Sanierung kostet zwar einiges an Geld (siehe Seite 33), senkt aber die Nebenkosten markant. Einerseits, weil viel weniger Energie verbraucht wird, andererseits, weil ein rundum erneuertes Haus während vieler Jahre nur tiefe Unterhaltskosten verursacht.

Weniger Abhängigkeit Ein Grossteil des Schweizer Energieverbrauchs für Heizung und Warmwasser wird durch Import gedeckt. Sei es in Form von fossilen Brennstoffen wie Gas und Öl oder von Strom aus ausländischen Kraftwerken. Erhöhen die Energielieferanten ihre Preise aus marktwirtschaftlichen oder politischen Gründen (Kriege, Gebühren, Lieferengpässe), bekommen das die Schweizer Hausbesitzer stark zu spüren. Ein Beispiel: 2003 kostete die Füllung eines Heizöltanks mit 1500 Litern Inhalt noch rund 700 Franken, Anfang 2010 waren dafür gut 1200 Franken zu bezahlen.

Senken Sie den Energieverbrauch Ihres Hauses durch eine gute Isolation, so reduziert sich nicht nur der Verbrauch, sondern auch die Abhängigkeit von sich verändernden Energiepreisen nimmt ab.

Sanieren oder abreissen?

Je nach Zustand Ihres Hauses stehen umfangreiche Erneuerungsarbeiten an. Dabei kann die Frage aufkommen, ob ein Abbruch und ein anschliessender Neubau nicht ökologischer wären. Untersuchungen der Fachhochschule beider Basel haben aber gezeigt, dass die Erneuerung, langfristig betrachtet, sowohl ökonomisch als auch ökologisch besser abschneidet. Ein wichtiger Faktor ist dabei vor allem die graue Energie in Baustoffen. Deren Amortisation dauert oft Jahrzehnte.

Sinnvoll ist ein Abriss mit nachfolgendem Neubau aber dann, wenn die räumlichen Bedürfnisse sich im bestehenden Haus selbst mit einem Anbau nicht vernünftig befriedigen lassen. Konkrete Beispiele für Sanierungen mit Wohnraumerweiterung finden Sie in Kapitel 9 (ab Seite 195).

Die Investition rechnet sich

In den meisten Fällen ist die energetische Sanierung einer Liegenschaft nicht ganz günstig. Das gilt vor allem, wenn die Gebäudehülle saniert werden muss. Hier kommen schnell einige Zehntausend Franken zusammen. Und auch der Ersatz der Heizung und der Warmwasseraufbereitung kann ins Geld gehen.

Bewohnen Sie die Liegenschaft schon lange selber, können Sie einen Teil der Kosten aus den Rückstellungen für den Unterhalt begleichen – sofern Sie diese auf einem separaten Konto beiseite gelegt haben. Den Restbetrag müssen Sie entweder aus eigenen Mitteln oder durch die Aufstockung der Hypothek decken (siehe Seite 165).

Bund, Kantone und Gemeinden sowie verschiedene Unternehmen der Energieversorgung fördern die energetische Sanierung mit finanziellen Beiträgen. Je nach Art der Arbeiten werden damit bis zu 30 Prozent der Kosten gedeckt. Weitere Informationen zu den Fördergeldern finden Sie auf Seite 159.

Was kostet wie viel?

Damit Sie sich ein erstes Bild davon machen können, was die energetische Sanierung einzelner Bauteile an Ihrem Haus kostet, hier einige typische Beispiele. Die Preisangaben beziehen sich auf freistehende Einfamilienhäuser üblicher Grösse.

— Isolation Fassade	Fr. 40 000.– bis Fr. 70 000.–
— Isolation Steildach	Fr. 15 000.– bis Fr. 20 000.–
— Isolation Estrichboden	Fr. 5 000.– bis Fr. 10 000.–
— Isolation Kellerdecke	Fr. 5 000.– bis Fr. 10 000.–
— Austausch der Fenster	Fr. 15 000.– bis Fr. 25 000.–
— Komfortlüftung (inkl. Anpassungsarbeiten)	Fr. 15 000.– bis Fr. 20 000.–
— Solaranlage für Warmwasser	Fr. 10 000.– bis Fr. 15 000.–
— Neue Heizanlage	Fr. 15 000.– bis Fr. 30 000.–

Diese Beträge gelten nur, wenn die Erneuerung ausschliesslich aus energetischen Gründen erfolgt. Bei einer Kombination mit sowieso anstehenden Erneuerungsarbeiten fällt der Anteil für die energetische Sanierung in der Regel tiefer aus.

Die Kosten amortisieren sich

Angesichts der Kosten für eine umfassende energetische Sanierung werden Sie sich fragen, ob Sie das investierte Geld durch die Einsparungen bei den Energiekosten wieder hereinholen können. Die Antwort: Werden die Arbeiten richtig geplant, rechnet sich eine energetische Sanierung durchaus. Vorraussetzung ist aber, dass die Arbeiten an der Gebäudehülle dann ausgeführt werden, wenn sowieso Sanierungen anstehen. Also etwa im Rahmen einer Fassaden- oder Dachrenovation, die aus optischen oder Altersgründen notwendig ist. Dann fallen die Mehrkosten für die energetische Verbesserung relativ tief aus und lassen sich mit den Energieeinsparungen wieder ausgleichen. Details und Beispielrechnungen finden Sie ab Seite 153.

Nicht vergessen sollten Sie bei den wirtschaftlichen Überlegungen zwei weitere wichtige Argumente: Energetisch gut sanierte Gebäude behalten längerfristig ihren Wert oder können ihn sogar steigern, und der wesentlich tiefere Energieverbrauch eines sanierten Hauses sorgt selbst bei stark steigenden Energiepreisen für Sicherheit beim Nebenkostenbudget.

Wertsteigerung der Liegenschaft Die wirtschaftliche Betrachtung einer energetischen Sanierung beschränkt sich nicht nur auf die Amortisation des dafür eingesetzten Geldes. Ebenso wichtig ist, dass eine solche Erneuerung hilft, den Wert eines Hauses zu erhalten, und im besten Fall diesen Wert sogar steigern kann – gerade bei einem eventuellen späteren Verkauf der Liegenschaft ein wichtiges Argument. Steht Ihr Haus dann in Konkurrenz zu ähnlichen Objekten an vergleichbarer Lage, ist eine bereits durchgeführte energetische Sanierung ein Argument für einen höheren Verkaufspreis. Denn eine solche Sanierung hat für den Käufer zwei gewichtige Vorteile:

— Die Nebenkosten fallen um einiges tiefer aus als bei einer Liegenschaft ohne Dämmung von Fassade, Dach und Fenstern. Das entlastet das monatliche Budget – ein gewichtiges Argument bei steigenden Energiepreisen.

— Der Wohnkomfort in einem gut isolierten Haus ist klar besser als in einem Haus ohne oder mit schwacher Dämmung. Gerade in der kalten Jahreszeit ist dies gut zu spüren.

Absicherung Ihres Budgets Haftpflichtversicherung, Gebäudeversicherung, Einbruchversicherung – als Hausbesitzer geben Sie relativ viel Geld aus, um sich gegen mögliche Ereignisse abzusichern. Aus diesem Blickwinkel sind auch Investitionen in Massnahmen für einen tieferen Energieverbrauch eine Art Versicherung: Braucht Ihr Eigenheim nur wenig Energie für Heizung und Warmwasser, belastet die für die Zukunft befürchtete Erhöhung der Energiekosten Ihr Budget weniger als bei einem Haus mit hohem Energieverbrauch.

 Milena und Gregory B. sanieren ihr Einfamilienhaus nach dem Minergie-Standard. Danach benötigen sie pro Quadratmeter beheizter Wohnfläche und Jahr noch umgerechnet sechs Liter Heizöl. Bei ihren 150 Quadratmetern Wohnfläche sind das rund 900 Liter oder 720 Franken (Annahme Heizölpreis: Fr. 80.–/100 Liter). Vor der Sanierung lag der Verbrauch bei 15 Litern pro Quadratmeter, was jährlichen Energiekosten von 1800 Franken entsprach. Erhöht sich der Ölpreis auf 120 Franken pro 100 Liter, bezahlen die B.s in ihrem Minergie-Haus 1080 Franken pro Jahr. Im nicht sanierten Haus wären es dagegen 2700 Franken. Für das Budget von Milena und Gregory B. sind die Energiekosten auch längerfristig kein Problem.

Die Gebäude-analyse

Basis einer energetischen Gebäudesanierung ist eine umfassende Analyse des Ist-Zustands. Teile davon können Sie selber durchführen, für andere Bereiche benötigen Sie die Hilfe von Fachpersonen.

Jederzeit möglich: Sofortmassnahmen

Die umfassende Analyse Ihres Hauses und die Sanierung benötigen in der Regel mehrere Monate Zeit. Trotzdem können Sie schon vor der ersten Analyse den Energieverbrauch massgeblich beeinflussen. Fachleute schätzen das Sparpotenzial von einfachen Verhaltensregeln und baulichen Eingriffen in einem durchschnittlichen Einfamilienhaus auf 15 bis 20 Prozent.

Die meisten der vorgeschlagenen Massnahmen kosten nichts oder nur einen kleinen Betrag und haben so gut wie keinen Einfluss auf den Wohnkomfort. Berücksichtigen Sie alle Vorschläge auf den folgenden Seiten, heizen Sie im Prinzip jedes sechste Jahr gratis und sparen Hunderte Liter Heizöl bzw. Kubikmeter Gas. Und die kleinen Massnahmen haben auch sonst eine grosse Wirkung: Umgerechnet auf alle Häuser in der Schweiz bräuchte es so jährlich 280 Millionen Liter Heizöl weniger und der Ausstoss an CO_2 könnte um 924 000 Tonnen gesenkt werden.

Mena und Karl H. haben vor zwei Jahren ein Einfamilienhaus (Baujahr 1965) gekauft. Vor dem Einzug haben sie zusammen mit Freunden die Böden aufgefrischt und die Wände gestrichen. In zwei Jahren planen sie eine umfassende Renovation. Als die beiden nach dem ersten Winter die Abrechnung für den Verbrauch der Gasheizung bekommen, staunen sie über den hohen Betrag. Bei der Architektin, die mit ihnen die Renovation und energetische Sanierung plant, holen sie sich deshalb ein paar Tipps für den nächsten Winter: Mena und Karl H. dichten die alten Fenster und die Haustür mit selbstklebenden Gummidichtungen ab, senken die Betriebstemperatur der Heizung während längerer Abwesenheiten, drehen die Radiatoren in unbenutzten Räumen auf das nötige Minimum herunter, schliessen am Abend die

Fensterläden und rüsten die Wasserhahnen mit Sparaufsätzen aus. Obwohl auch der nächste Winter recht kalt ausfällt, liegt der Gasverbrauch fast fünf Prozent tiefer als im Vorjahr.

Heizen und Lüften

In vielen Heizanlagen steckt grosses Optimierungspotenzial. Um es auszuschöpfen, braucht es die richtige Einstellung aller Parameter und eine fachgerechte Bedienung. Viel beitragen können Sie aber auch durch das richtige Benutzerverhalten.

Betriebszeiten der Heizung Läuft die Heizung Tag und Nacht mit voller Leistung, liegt der Verbrauch unnötig hoch. Deshalb sollten Sie die Betriebszeiten Ihren Lebensgewohnheiten anpassen. In der Nacht und auch während langer Abwesenheiten tagsüber reicht der Reduzierbetrieb. Gleiches gilt während der Abwesenheit am Wochenende oder während der Ferien. Bei moderneren Heizanlagen können Sie die Betriebszeiten für jeden Tag einzeln programmieren und ein spezielles Ferienprogramm auswählen. Verfügt Ihr Haus über Heizkörper, legen Sie die Schaltzeiten so, dass die Heizung eine Stunde, bevor Sie in der Regel zu Bett gehen oder für längere Zeit das Haus verlassen, abschaltet. Eine Stunde vor der Rückkehr oder dem Aufstehen sollte sie dann wieder auf volle Leistung hochfahren. Bei Bodenheizungen wählen Sie eine Zeitdifferenz von drei Stunden, da das System träger reagiert.

Achtung: Die Einschaltzeiten eine bzw. drei Stunden, bevor Sie wieder zu Hause sind, gelten nur für gut isolierte Gebäude mit einer leistungsfähigen Heizung. In schlecht isolierten Altbauten muss unter Umständen eine frühere Startzeit gewählt werden, da die Räume stärker auskühlen.

Tragen Sie die gewählten Schaltzeiten in einer Liste ein und überprüfen Sie von Zeit zu Zeit, ob sie noch mit Ihren Lebensgewohnheiten übereinstimmen.

Leitungsdruck und Luft Ist der Druck in den Leitungen zu tief oder ist Luft im System enthalten, arbeitet die Heizung weniger effizient. Prüfen Sie deshalb im Herbst, wenn die Heizung wieder zu laufen beginnt, ob der Druck den vorgegebenen Werten entspricht – in der Regel findet sich in der Nähe des Expansionsgefässes eine Druckanzeige –, und füllen Sie wenn nötig Wasser nach.

Erzeugen die Heizkörper klopfende Geräusche, befindet sich Luft in den Leitungen. Stellen Sie dann die Heizung ab und entlüften Sie alle Heizkörper. Eventuell müssen Sie anschliessend Wasser nachfüllen. Ziehen Sie im Zweifelsfall einen Heizungsfachmann bei.

Service Lassen Sie die Heizung regelmässig warten. Vor allem bei Ölfeuerungen kann es durch Verschmutzungen zu einer Verschlechterung des Wirkungsgrads kommen.

Lüften Dauernd gekippte Fenster lassen viel Wärme entweichen, kühlen die Räume aus und führen trotzdem nicht zu einem befriedigenden Luftaustausch. Deshalb sollten Sie im Winter auf gekippte Fenster verzichten, mehrmals täglich für fünf bis zehn Minuten alle Fenster öffnen und querlüften. Schlafen Sie gerne mit offenem Fenster, ist es sinnvoll, im Schlafzimmer die Heizung in der Nacht so tief zu stellen, dass der Frostschutz gerade noch gewährleistet ist.

Fensterläden und Rollläden Lassen Sie im Winter, sobald es draussen dunkel ist, die Rollläden herunter oder schliessen Sie die Fensterläden. Dadurch verbessert sich die Dämmung im Fensterbereich und es entweicht weniger Energie.

Raumtemperatur Eine Faustregel besagt: Jedes Grad weniger Raumtemperatur spart sechs Prozent Heizenergie. Es lohnt sich also, wenn Sie die Räume nicht überheizen. Als Richtwerte gelten: Bad 23 Grad, Wohnzimmer 20 bis 23 Grad, Schlafzimmer 17 bis 20 Grad, Gang 17 Grad, ungenutzte Räume 14 bis 17 Grad. Achten Sie vor allem darauf, dass Sie Räume, die Sie nur wenig nutzen, nicht unnötig heizen.

Heizkörper und Thermostatventile Achten Sie darauf, dass die Heizkörper nicht mit Möbeln verstellt oder von Vorhängen verdeckt sind. Dadurch sinkt ihre Leistung und es wird mehr Energie benötigt, um den Raum zu temperieren.

In älteren Häusern sind oft noch Heizkörper ohne Thermostatventile anzutreffen. Diese berücksichtigen die Temperaturverhältnisse der Umgebung nicht und heizen einfach weiter, auch wenn beispielsweise die Sonne den Raum schon aufgewärmt hat. Tauschen Sie deshalb solche Ventile gegen Thermostatventile aus; das bringt mehr Komfort und spart rund 20 Prozent Heizenergie.

Wenn Sie bereits Thermostatventile eingebaut haben, sollten Sie diese von Zeit zu Zeit auf Ihre Funktionstüchtigkeit hin überprüfen. Wie das geht, sehen Sie in der Anleitung zu Ihren Ventilen oder erfahren es vom Heizungsinstallateur.

Heizungsraum Falls Ihre Öl- oder Gasheizung die für die Verbrennung nötige Frischluft nicht direkt durch ein Rohr oder einen doppelwandigen Kamin von draussen ansaugt, braucht es eine Frischluftöffnung im Heizungsraum. Lassen Sie dazu aber nicht einfach ein Fenster offen stehen, eine Öffnung so gross wie zwei Fäuste genügt. Wird die Frischluft direkt im Heizungsraum angesaugt, sollten Sie diesen jeweils im Herbst gut reinigen, denn staubige Luft verschlechtert die Effizienz des Brenners.

Leitungen isolieren Führen Heiz- oder Warmwasserleitungen unisoliert durch Ihren Keller, sollten Sie diese unbedingt dämmen. Das Material dafür ist in Heimwerkermärkten erhältlich und lässt sich auch von Laien gut verarbeiten. Die Materialkosten amortisieren sich innert zweier Jahre.

Türen und Fenster dichten Aussentüren und Fenster sind Stellen, an denen in der Regel viel Heizwärme verloren geht. Prüfen Sie deshalb, ob alle nach aussen oder in kalte Räume führenden Türen über Gummidichtungen verfügen. Falls nicht, können Sie selbstklebende Dichtungen aus dem Heimwerkermarkt anbringen. Weist eine Tür gegen den Boden hin einen Spalt auf (häufig bei Türen vom Erdgeschoss zum Keller anzutreffen), lohnt es sich, dort eine Spezialdichtung anzubringen. Diese sieht aus wie ein breiter Besen und wird einfach an die Tür geklebt.

Ist Ihr Haus noch mit alten, doppelt verglasten Fenstern ausgestattet, lohnt sich auch dort die Nachrüstung von selbstklebenden Gummidichtungen. Verfügt Ihr Haus über klassische Vorfenster, können Sie zudem – wie zu Grossmutters Zeiten – mit Schaumstoff gefüllte Stoffrollen auf das Brett zwischen die Fenster legen, um die Zugluft zumindest teilweise zu begrenzen.

Auch bei modernen Isolierfenstern besteht oft Verbesserungspotenzial. Hier sollten Sie prüfen, ob alle Gummidichtungen noch elastisch sind und gut schliessen. Einfacher Trick: Klemmen Sie beim Schliessen ein A4-Papier zwischen Rahmen und Fenster. Lässt es sich herausziehen, taugt die Dichtung nicht mehr und muss ausgetauscht werden oder ein Fachmann muss das Fenster nachjustieren. Sie können aber auch eine Kerze nahe ans Fenster halten. Bewegt sich die Flamme, sind die Dichtungen schlecht. Ebenfalls sichtbar werden undichte Stellen mithilfe von Rauch – etwa einer Zigarette. Wenn Sie handwerklich versiert sind, können Sie die Dichtungen selber ersetzen, ansonsten sollten Sie einen Fensterfachmann bestellen. Dieser kann auch gleich noch die Fensterscharniere nachstellen.

Rollladenkästen Ähnlich undicht wie alte Fenster sind Rollladenkästen, die sich von der Raumseite her öffnen lassen. Analog zu den Fenstern helfen auch hier selbstklebende Dichtungsbänder, die kalte Luft draussen zu halten.

Cheminée und Schwedenofen Verfügt Ihr Haus über ein Cheminée oder einen Schwedenofen, sollten Sie darauf achten, dass die Kaminklappe nach Gebrauch immer ganz geschlossen wird. Ansonsten entweicht dauernd Raumwärme durch den Kamin. Achten Sie auch darauf, den Ofen richtig anzuheizen (siehe Seite 120).

Warmwasserverbrauch

Duschen, Baden, Abwaschen und Putzen benötigen warmes Wasser. Rund neun Prozent des Energieverbrauchs in einem Einfamilienhaus gehen zulasten des Warmwassers. Entsprechend gibt es auch hier einiges an Optimierungspotenzial.

Boiler In der Regel wird das Warmwasser in einem Boiler aufbereitet. Bei modernen Geräten können Sie die Temperatur so tief wie möglich einstellen – 40 bis 50 Grad genügen oft –, da diese über eine Legionellenschaltung verfügen. Dann heizt das Gerät einmal pro Woche selbständig auf 60 Grad, um allfällige Keime abzutöten.

Wasserhahnen und Duschbrausen Falls Sie in Bad und Küche noch über Wasserhahnen mit zwei Griffen verfügen und Sie nicht sowieso eine umfassende Sanierung dieser Räume geplant haben, sollten Sie die Armaturen gegen moderne Einhandmischer austauschen. Dadurch lässt sich die Temperatur einfacher einstellen. Verfügen Sie bereits über Einhandmischer, können Sie diese mit Wassersparaufsätzen ausrüsten (erhältlich im Fachhandel oder Heimwerkermarkt). Diese mischen dem Wasser Luft bei und reduzieren so den Wasserverbrauch ohne Komfortverlust. Gleiches gilt für die Dusche, auch hier sind spezielle Sparbrausen erhältlich, die den Verbrauch auf die Hälfte reduzieren.

Bei Waschbecken gelten sechs Liter pro Minute als optimale Wassermenge, bei Duschen zehn Liter. Wie viel Wasser durch Ihren Wasserhahn oder Ihre Duschbrause fliesst, können Sie einfach messen: Stellen Sie einen Kübel darunter, drehen Sie den Hahn oder die Brause für 30 Sekunden voll auf, messen Sie die Wassermenge im Kübel und verdoppeln Sie den Wert. So wissen Sie sofort, wie viele Liter pro Minute fliessen.

💡 Reparieren Sie tropfende Wasserhahnen immer sofort. Ein einziger tropfender Hahn verbraucht pro Jahr bis zu 2000 Liter Wasser.

Benutzerverhalten Viel warmes Wasser können Sie auch durch sinnvolles Verhalten sparen: Duschen braucht dreimal weniger Wasser als ein Vollbad, Waschen Sie Geschirr nicht unter fliessendem Wasser ab, verzichten Sie auf das Vorwaschen, wenn Sie einen Geschirrspüler haben, und füllen Sie den Putzkübel nur mit so viel Wasser wie nötig. Stellen Sie zudem in der Dusche beim Einseifen das Wasser ab.

Nicht nur durch richtiges Heizen und sparsamen Umgang mit Wasser können Sie Energie sparen, sondern auch bei der Nutzung elektrischer Geräte. Wo die grössten Stromfresser in Ihrem Haushalt stehen, sehen Sie im folgenden Kasten, Tipps zum Stromsparen finden Sie auf Seite 190.

Die grössten Stromfresser im Haushalt

Rund ein Drittel des gesamten Stromverbrauchs in der Schweiz geht auf das Konto der Haushalte. Im Einfamilienhaus benötigt ein durchschnittlicher Haushalt mit drei oder mehr Bewohnern und einer Wohnfläche um die 160 Quadratmeter im Mittel rund 5200 Kilowattstunden Strom pro Jahr. Wird das Warmwasser mit einem Elektroboiler aufbereitet, kommen weitere 3000 Kilowattstunden dazu.

Kategorie	Verbrauch in kWh/Jahr
Beleuchtung	600
Tumbler	600
Waschmaschine	400
Kühlschrank	450
Unterhaltung/TV	350
Kochen	400
Tiefkühler	300
Geschirrspüler	300
Bürogeräte	200

Ohne Haustechnik

Quelle: Schweizerische Agentur für Energieeffizienz

Schritt für Schritt Energie sparen

Geht es ums Energiesparen in den eigenen vier Wänden, denkt man meist zuerst an die in die Jahre gekommene Heizung. In der Tat ist es so, dass moderne Heizanlagen die benötigte Wärme effizienter und mit entsprechend tieferem Energieverbrauch erzeugen. Trotzdem gilt das Augenmerk bei einer energetischen Sanierung zuletzt der Heizung. Denn in der Regel lässt sich mit einer Verbesserung der Gebäudehülle der Energieverbrauch effizienter senken.

Um überhaupt zu wissen, wo Ihr Haus Energie verliert, braucht es ein schrittweises Vorgehen:

— Bestimmen Sie den Energieverbrauch des Gebäudes und die dazugehörende Energiekennzahl (siehe Seite 48).

— Beurteilen Sie den Zustand der Gebäudeteile und bestimmen Sie den Sanierungsbedarf innerhalb der nächsten 20 Jahre.

— Beurteilen Sie die Wärmedämmung der einzelnen Bauteile (Dach, Wand, Fenster, Dachboden, Kellerdecke) und bestimmen Sie den Verbesserungsbedarf.

— Planen Sie zusammen mit Fachleuten die notwendigen Erneuerungen über die nächsten zehn Jahre.

— Beachten Sie insbesondere auch die Übergänge zwischen einzelnen Bauteilen, zum Beispiel Wand zu Fenster, Dach zu Wand.

— Führen Sie die Sanierung durch und ersetzen Sie im Rahmen dieser Arbeiten wenn nötig auch die Heizanlage.

Tauschen Sie die Heizung oder die Fenster aus, ohne ein umfassendes Sanierungskonzept in der Tasche zu haben, laufen Sie Gefahr, Ihr Geld falsch zu investieren. Etwa weil sich wegen der gewählten

Fenster später die Fassade nicht richtig isolieren lässt oder weil die Heizung für das nachträglich isolierte Haus überdimensioniert ist.

✳ Auch wenn Ihre Heizung bereits das Alter für einen Austausch erreicht hat oder Sie von der Feuerungskontrolle dazu aufgefordert werden, bleibt meist genügend Zeit, die Sanierung umfassend zu planen. In der Regel hält die alte Heizung auch noch ein Jahr länger, und die Feuerungskontrolle lässt normalerweise über eine Verschiebung mit sich reden, wenn Sie einen umfassenden Sanierungsplan vorlegen können.

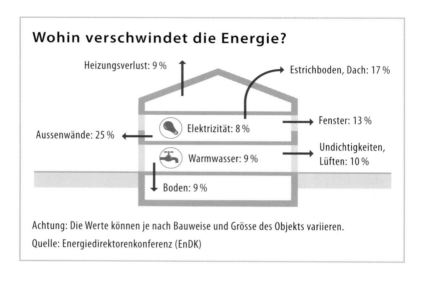

Wohin verschwindet die Energie?

Heizungsverlust: 9 %

Estrichboden, Dach: 17 %

Aussenwände: 25 %

Elektrizität: 8 %

Fenster: 13 %

Warmwasser: 9 %

Undichtigkeiten, Lüften: 10 %

Boden: 9 %

Achtung: Die Werte können je nach Bauweise und Grösse des Objekts variieren.
Quelle: Energiedirektorenkonferenz (EnDK)

Die Analyse des Ist-Zustands

Die sorgfältige Analyse Ihres Hauses umfasst mehrere Schritte: Zuerst geht es darum, den aktuellen Energieverbrauch festzustellen. Danach müssen die einzelnen Bauteile analysiert werden. Dabei wird untersucht, ob Sanierungsbedarf besteht und ob die aktuelle Dämmung noch genügt. In einem dritten Schritt sollten Sie abklären, ob neben einer energetischen Sanierung weitere Arbeiten anstehen, etwa die Erneuerung von Oberflächen, Küche oder Bad. Ist dies der Fall, können Sie alle Arbeiten zusammenlegen und dadurch die Kosten, den Aufwand und die Unannehmlichkeiten kleiner halten.

 Familie F. besitzt ein kleines Einfamilienhaus. Obwohl sie die Heizölrechnung nicht übermässig hoch dünkt und sie relativ sparsam mit Energie umgehen, möchten sie wissen, ob bei ihrem Haus eine energetische Sanierung nötig ist. Auf der Internetseite www.energiekennzahl.ch geben sie den Energieverbrauch für Heizung und Warmwasser sowie die beheizte Fläche des Hauses ein. Das Resultat erstaunt: Mit 150 kWh pro Quadratmeter Wohnfläche liegt der Jahresverbrauch vergleichsweise hoch. Familie F. beschliesst deshalb, einen Energieberater beizuziehen, um genau zu analysieren, wo und wie sie die Dämmung des Hauses verbessern und die Heizkosten senken können.

Wie hoch liegt Ihr Energieverbrauch?

Auf den ersten Blick ist es schwierig, festzustellen, wie gut das eigene Haus in energetischer Hinsicht dasteht. Einen ersten wichtigen Hinweis liefert die sogenannte Energiekennzahl. Diese können Sie ohne grosse Vorkenntnisse selber errechnen – entweder mit Papier, Stift und Taschenrechner oder direkt im Internet mit dem Energierechner auf www.energiekennzahl.ch.

Bevor Sie sich ans Rechnen machen, sollten Sie folgende Unterlagen bereit legen:

— sämtliche Abrechnungen für Strom, Gas, Heizöl, Brennholz, Holzpellets oder Holzschnitzel für ein komplettes Betriebsjahr

— die Pläne Ihres Hauses für die Berechnung der beheizten Wohnfläche. Als beheizt gelten alle Räume, die mit einem Heizkörper ausgestattet sind oder indirekt durch andere Räume mit Heizwärme versorgt werden – also beispielsweise auch das

Treppenhaus zwischen beheizten Stockwerken. Falls Sie keine Pläne haben, können Sie die Flächen auch ausmessen (von Aussenwand zu Aussenwand).

Energieverbrauch berechnen Zuerst berechnen Sie den Energieverbrauch für Heizung und Warmwasser in Kilowattstunden (kWh). Je nach Heizsystem müssen Sie dazu aus den Abrechnungen die Verbrauchsmengen von Gas, Öl, Holz oder Strom (Wärmepumpe oder Elektrospeicherheizung) zusammentragen.

Falls Sie mit Strom heizen und der Verbrauch der Heizanlage nicht separat ausgewiesen ist, verfahren Sie wie folgt: Ziehen Sie von der Gesamtzahl bezogener Kilowattstunden den durchschnittlichen Verbrauch gemäss Ihrer Haushaltsgrösse ab (siehe Tabelle 1). Gleich können Sie verfahren, wenn Sie das Warmwasser mit einem Elektroboiler erzeugen, um dessen Anteil näherungsweise zu errechnen.

Da die Energiemengen nicht immer in Kilowattstunden angegeben sind, sondern teilweise auch in Kubikmeter (m3), Litern (l) oder Ster (bei Holz), müssen Sie die Zahlen noch umrechnen. Die wichtigsten Umrechnungsfaktoren finden Sie in Tabelle 2.

Wenn Sie zusätzlich zur Heizung über einen Schwedenofen oder ein Cheminée verfügen, rechnen Sie die dort verbrauchten Holzmengen unbedingt auch ein. Gleiches gilt für den Stromverbrauch des Warmwasserboilers.

Tabelle 1: Stromverbrauch in Haushalten

Haushaltsgrösse	Durchschnittlicher Stromverbrauch in kWh pro Jahr
1 Person	1600
2 Personen	2800
3 Personen	3900
4 Personen	4500
5 Personen	5300

Angaben ohne Elektroboiler

Tabelle 2: Umrechnungstabelle für Energiegehalt

Brennstoff	Menge	Umrechnungs-faktor	Wert in kWh
1 Liter Heizöl	... l	× 10	
1 m³ Erdgas	... m³	× 10	
Holzpellets – 1 Kilo – 1 m³ (650 kg)	... kg ... m³	× 5 × 3250	
1 m³ Holzschnitzel (Tanne, 50 % Feuchtigkeitsgehalt)	... m³	× 650	
1 Festmeter Holz (Birke, 15 % Feuchtigkeitsgehalt)	... Festmeter	× 2700	
1 Ster Holz (Birke, 15 % Feuchtigkeitsgehalt)	... Ster	× 1900	

Umrechnungsfaktoren für andere Energieträger oder andere Holzarten finden Sie einfach mithilfe von Suchmaschinen im Internet.

Energiekennzahl bestimmen Haben Sie den Energieverbrauch zusammengerechnet, müssen Sie ihn durch die Fläche Ihres Hauses teilen. Die Formel zur Berechnung der Energiekennzahl lautet:

$$\text{Energiekennzahl} = \frac{\text{Energieverbrauch pro Jahr in kWh}}{\text{Energiebezugsfläche in m}^2}$$

Wo Ihr Haus energetisch steht, können Sie mithilfe der Beispielswerte in Tabelle 3 auf der nächsten Seite einfach einordnen.

Einfamilienhaus Baujahr 1980, beheizte Fläche: 150 m², Energieverbrauch pro Jahr: 17 000 kWh (12 000 kWh Heizöl, 2000 kWh Strom für Warmwasser, 3000 kWh Holz für Cheminée)

$$\text{Energiekennzahl} = \frac{17\,000 \text{ kWh}}{150 \text{ m}^2} = 113 \text{ kWh/m}^2\text{a}$$

Der Verbrauch dieses Hauses liegt also doppelt so hoch wie bei einem sanierten Objekt. Das ist ein deutlicher Hinweis darauf, dass Sanierungsbedarf besteht.

Tabelle 3: Sparhaus oder Energieschleuder?

Energiekennzahl (kWh/m²a)	Klassifizierung Verbrauch	Sanierungsbedarf
0 – 40	Sehr gering	Keiner
40 – 60	Gering	Keiner
60 – 80	Eher gering	Keiner
80 – 110	Mittel	Verbesserung der Gebäudehülle nötig
110 – 150	Ziemlich hoch	Teilweise Sanierung nötig
150 – 200	Hoch	Grössere Sanierung nötig
Über 200	Sehr hoch	Umfassende Sanierung nötig

kWh/m²a = Kilowattstunden pro Quadratmeter und Jahr
Quelle: Energie Schweiz

Der Gebäudeenergieausweis für Ihr Haus

Im August 2009 wurde der Gebäudeenergieausweis der Kantone (GEAK) eingeführt. Analog zur Energieetikette für Autos oder grosse Elektrogeräte gibt er mit den Buchstaben A bis G an, ob ein Haus viel oder wenig Energie verbraucht. Den Gebäudeenergieausweis können Sie sich im Internet unter www.geak.ch mithilfe eines Formulars selber erstellen (GEAK light). Oder Sie bestellen einen Experten zu sich nach Hause, der die Kennzahlen für den Ausweis errechnet (siehe Seite 59).

Die Internetvariante des GEAK würde sich gut für eine erste Einschätzung des Energieverbrauchs des eigenen Hauses eignen. Die Erfahrung zeigt aber, dass die Eingabe der Daten für Laien schwierig ist und die Resultate oft nicht mit der Realität übereinstimmen. Deshalb ist die Berechnung der Energiekennzahl der schnellere und sicherere Weg, um zu sehen, wo die eigene Liegenschaft energietechnisch steht.

Schwachstellen erkennen

Vorschriften zur Wärmedämmung von Gebäuden existieren erst seit 1980. Bauten, die vor diesem Zeitpunkt erstellt wurden, verfügen oft über keine oder nur eine sehr dünne Isolation der Gebäudehülle. Entsprechend schlecht ist der sogenannte U-Wert. Er wird auch Wärmedurchgangskoeffizient genannt und gibt an, wie viel Wärmeenergie entweichen kann (siehe Glossar im Anhang).

Weist Ihr Gebäude aufgrund der errechneten Energiekennzahl einen vergleichsweise hohen Energieverbrauch für Heizung und Warmwasser auf, geht es darum mögliche Schwachstellen in der Gebäudehülle zu finden.

Typische Schwachstellen am Gebäude

Eine erste rudimentäre Abklärung können auch Laien gut durchführen und sehen so relativ schnell, wo bei einer künftigen Sanierung der Hebel anzusetzen ist. Die folgenden Seiten zeigen Ihnen typische Schwachstellen von Gebäuden und mit der Tabelle auf Seite 57 können Sie die Analyse Ihres eigenen Gebäudes übersichtlich erfassen.

Wenn Sie sich die Analyse der Bauteile nicht zutrauen oder für Sie klar ist, dass Sie auf alle Fälle eine Sanierung durchführen werden, können Sie bereits zu diesem Zeitpunkt eine Fachperson beiziehen, beispielsweise einen Energieberater. Verschiedene Kantone und Gemeinden bieten diese Dienstleistung bis zu einem gewissen Umfang sogar gratis oder zu stark vergünstigten Preisen an (siehe Seite 59).

Hausdach Bei einem durchschnittlichen Einfamilienhaus gehen 17 Prozent der Heizenergie über das Dach verloren. Üblich sind heute für Dächer deshalb Isolationsstärken von 20 bis 30 Zentimetern.

Überprüfen Sie, ob und wie Ihr Hausdach isoliert ist. Am einfachsten finden Sie dies anhand der Baupläne heraus. Dort ist üblicherweise auch die Isolation eingetragen. Haben Sie keine Pläne, müssen Sie einen Augenschein vor Ort nehmen. Falls ein Teil des Dachgeschosses als Estrich gebraucht wird, können Sie von dort aus erkennen, wie der Dachaufbau aussieht. Ist dies nicht möglich, müssen Sie dafür eine Fachperson beiziehen. Sonst besteht das Risiko von Beschädigungen der Dachhaut.

Wurde Ihr Haus vor 1980 gebaut und seither nicht renoviert, können Sie in den meisten Fällen davon ausgehen, dass das Dach ungenügend isoliert ist.

Estrichboden Sind die Dachräume Ihres Hauses unbeheizt, ist im Normalfall nicht das Dach isoliert, sondern der Estrichboden. Hier können Sie bei einem Augenschein meist relativ einfach erkennen, ob eine Isolationsschicht vorhanden ist und wie dick diese ausgeführt wurde. Falls nichts zu sehen ist, können Sie ein Brett des Estrichbodens ausbauen und darunter nachsehen.

Nachträglich angebrachte Estrichisolationen erkennen Sie häufig daran, dass der Boden aus grossen Holz- oder Spanplatten besteht, die beim Laufen leicht nachgeben, weil sich darunter Isolationsplatten befinden. Oft ist eine solche Nachrüstung auch im Bereich der Estrichtreppe gut zu erkennen, da nachträglich eine zusätzliche Stufe angebracht wurde.

Hauswände Wegen der grossen Oberfläche geht durch die Aussenwände eines Hauses der grösste Anteil Energie verloren. Wie gut oder schlecht die Fassaden Ihres Hauses isolieren, hängt von verschiedenen Faktoren ab. Energetisch besonders schlecht sind Aussenwände von Häusern aus den Fünfziger-, Sechziger- und Siebzigerjahren. Damals wurden oft nur gerade 15 Zentimeter dicke Mauern ohne jegliche Isolation erstellt. Der U-Wert einer solchen Konstruktion beträgt beispielsweise 1,5 W/m²K (U-Wert siehe

Glossar im Anhang). Zum Vergleich: Wäre die Wand zusätzlich 20 Zentimeter dick isoliert, läge der U-Wert bei 0,17 W/m²K.

Ältere, ebenfalls unisolierte Wände schneiden meist etwas besser ab als die Konstruktionen aus der Nachkriegszeit. So gab es bereits in den Dreissiger- und Vierzigerjahren doppelwandige Konstruktionen mit einem Hohlraum. Und die sehr dicken Wände ganz alter Häuser isolieren ebenfalls besser. Trotzdem genügen die U-Werte solcher Bauten in der Regel den heutigen Anforderungen nicht und müssen durch eine nachträgliche Isolation verbessert werden.

Wie die Wände Ihres Hauses beschaffen sind, können Sie auf verschiedene Arten herausfinden. Am aufschlussreichsten sind natürlich Baupläne, einen Hinweis liefert aber auch die Dicke der Mauern. Je dicker, desto geringer sind in der Regel die Energieverluste. Hilfreich sind auch Klopftests: Tönt es auf der Aussenseite unter dem Verputz hohl, ist das ein Hinweis auf eine vorhandene Aussendämmung.

💡 Wie beim Dach gilt auch bei den Wänden: Wurde das Haus vor 1980 erbaut und seit dieser Zeit nicht renoviert, dürften die Dämmwerte der Aussenwände schlecht sein.

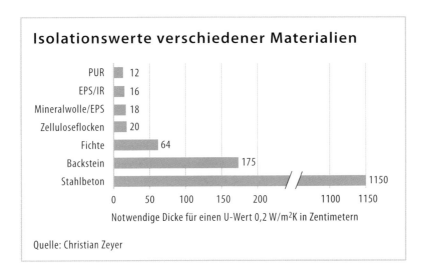

Isolationswerte verschiedener Materialien

Material	Wert
PUR	12
EPS/IR	16
Mineralwolle/EPS	18
Zelluloseflocken	20
Fichte	64
Backstein	175
Stahlbeton	1150

Notwendige Dicke für einen U-Wert 0,2 W/m²K in Zentimetern

Quelle: Christian Zeyer

Fenster und Aussentüren Fenster und Aussentüren – etwa die Haustür – gehören zu den grossen Schwachpunkten von Häusern. Selbst modernste Fenster erreichen nicht den Isolationswert einer guten Wand. Besonders schlecht dämmen zweifach verglaste Fenster mit Rahmen, die sich auseinanderschrauben lassen. Solche Fenster wurden vor allem zwischen 1940 und 1970 eingebaut. Da sie meist auch nicht über Gummidichtungen verfügen, kann der Wind durch die Ritzen ziehen. Doch auch modernere Modelle mit Isolierverglasung können veraltet sein. Denn der technische Fortschritt bei Fenstern ist gross. Als Faustregel gilt: Sind die Fenster älter als zwanzig Jahre lohnt sich ein Tausch. Falls Ihr Haus bereits über Isolierglasfenster verfügt, können Sie das Alter auf dem silbernen Trennband zwischen den beiden Scheiben ablesen. Neben dem Namen des Glasherstellers ist dort oft auch das Produktionsjahr aufgedruckt.

Je nach Grösse der Fenster sollte ihr Einfluss auf den Energiehaushalt des Gebäudes nicht über- oder unterschätzt werden. Grosse, nach Süden gerichtete Fenster beispielsweise sorgen durch die einfallende Sonnenwärme auch für passive Energiegewinne. Und sehr kleine Fenster haben im Verhältnis zur Fläche der Fassade nur einen beschränkten Einfluss auf den Energieverlust.

Auskragende Bauteile und Balkone Ältere Häuser verfügen vielfach über auskragende Bauteile wie Erker oder Balkone, die nicht isoliert oder energetisch nicht vom Haus abgetrennt sind. Ähnlich wie Kühlrippen führen sie viel Kälte in den anschliessenden Zimmerboden, was zur Auskühlung der Räume führt. Verfügt Ihr Haus über Balkone ohne Abstützung oder über Auskragungen und wurde es vor 1980 erbaut, können Sie mit grosser Wahrscheinlichkeit davon ausgehen, dass die Konstruktion nicht wärmegedämmt ist.

Rollladen- und Storenkästen Rollladen- und Storenkästen sind klassische Wärmebrücken (siehe Glossar im Anhang). Das gilt vor allem dann, wenn sie in die Fassade integriert und nicht aussen aufgesetzt sind. Prüfen Sie bei Ihrem Haus, wie die Rollladenkästen konstruiert sind. Ist das Haus nicht aussen isoliert und schliessen die Rollladenkästen bündig mit der Fassade ab, können Sie davon ausgehen, dass die Konstruktion den heutigen energetischen Anforderungen nicht mehr genügt. Oft spüren Sie sogar von Hand, wie kalt die Zimmerwand im Bereich des Kastens ist oder wie der Wind durch das Loch für die Kurbel zieht.

Kellerdecke In den meisten älteren Häusern ist der Keller unbeheizt. Oft fehlt aber eine Isolationsschicht, die Keller und Erdgeschoss energetisch trennt. Ob eine solche Isolation vorhanden ist, sehen Sie bei neueren Häusern am einfachsten in den Schnittplänen, bei älteren Häusern können Sie prüfen, ob an der Kellerdecke nachträglich Isolationsplatten angebracht wurden.

> Hat Ihr Haus beheizte Kellerräume, sollten Sie unbedingt abklären, ob und wie diese gegen das Erdreich hin isoliert sind. Fehlt eine Isolation, sind die Energieverluste gross. Auch hier helfen Ihnen die Schnittpläne weiter.

Cheminées und Schwedenöfen Cheminées und Schwedenöfen sorgen für heimelige Atmosphäre. Doch ältere Modelle heizen in erster Linie die Landschaft. Das gilt vor allem für offene Cheminées. Diese geben nicht nur während des Feuers viel Wärme an die Aussenluft ab, sondern lassen durch den Kamin auch in kaltem Zustand viel Heizwärme aus dem Raum entweichen. Bei Schwedenöfen ist das Problem kleiner. Doch viele ältere Modelle – vor allem solche ohne Speichermasse – haben einen sehr schlechten Wirkungsgrad. Verfügt Ihr Ofen oder Ihr Cheminée über das Qualitätssiegel von Holzenergie Schweiz, können Sie davon ausgehen, dass es sich um ein Modell mit gutem Wirkungsgrad handelt.

Abluft von Bad und Küche Vor allem gefangene Badezimmer werden in der Regel über Abluftschächte oder Ventilatoren entlüftet. Durch den Schacht und/oder den Ventilator geht viel Heizenergie verloren.

Das gleiche Problem stellt sich auch in der Küche. Führt der Dampfabzug direkt über ein Rohr ins Freie, stellt er eine Kältebrücke dar. Ist der Ventilator in Betrieb, wird zudem eine grosse Menge warmer Luft nach draussen geleitet.

Heizanlage und Heizverteilung Klassische Öl- oder Gasheizungen halten in der Regel rund 15 Jahre. Prüfen Sie deshalb das Baujahr Ihres Brenners. In der Regel finden Sie die Angaben dazu am Gerät selber oder im Büchlein der Feuerungskontrolle. Genauer ansehen sollten Sie auch die Heizwärmeverteilung und die Radiatoren. Führen die Rohre vom Brenner aus offen der Kellerdecke entlang, ist ein nachträgliches Isolieren nötig.

Wenn die Heizkörper nicht über Thermostatventile verfügen, sollten Sie diese nachrüsten. Thermostatventile erkennen Sie daran, dass die Griffe offene Schlitze aufweisen, durch die die Raumluft zirkulieren kann. Auf diese Weise «weiss» das Ventil, ob der Raum genügend warm ist, und passt den Zufluss von Warmwasser in den Heizkörper entsprechend an.

Hat Ihr Haus eine Ölheizung und wurde innerhalb der letzten 15 Jahre nur der Brenner ersetzt, nicht aber der Heizkessel, entspricht die Anlage ebenfalls nicht mehr dem aktuellen Stand der Technik.

Warmwasseraufbereitung Jahrzehntelang wurde warmes Wasser vor allem mit Elektroboilern erzeugt, teilweise ergänzt durch den Brenner der Heizung. Reine Elektroboiler gelten heute als ineffizient. Klären Sie ab, ob Ihr Boiler nur mit Strom arbeitet oder mit der Heizanlage kombiniert ist. Sind Boiler und Heizungsbrenner über zwei Rohre miteinander verbunden, handelt es sich um ein Boilermodell, das auch die Heizung mitnutzt.

Haben Sie es mit einem reinen Elektroboiler zu tun, ist ein Austausch im Rahmen einer Heizungssanierung meist sinnvoll – vor allem wenn der Boiler schon ein gewisses Alter hat (zehn Jahre oder mehr).

So beurteilen Sie den baulichen Zustand

Um einen Überblick über den Zustand Ihres Hauses zu erhalten, sollten Sie alle Bauteile prüfen und tabellarisch erfassen. Dabei geht es nicht nur um den Zustand aus energetischer Sicht, sondern auch um den allgemeinen Zustand. Die Tabelle zeigt Ihnen, wie das funktioniert; eine leere Vorlage zum Ausfüllen finden Sie im Anhang.

Checkliste Bauteilzustand – ein Beispiel

Bauteil	Anzahl Jahre seit Renovation oder Erstellung	Lebensdauer in Jahren	Zustand aus energetischer Sicht			Zustand aus baulicher Sicht			Dringlichkeit der Sanierung*
			Schlecht	Mittel	Gut	Schlecht	Mittel	Gut	
Hausdach	38	30 – 40	x			x			9
Estrichboden	–	30 – 40	–	–	–	–	–	–	–
Hauswände	38	30 – 50	x			x			9
Fenster	19	20		x			x		7
Rollladen– und Storenkästen	38	20	x				x		6
Auskragende Bauteile	–	30 – 50	–	–	–	–	–	–	–
Balkone	38	30 – 50	x				x		9
Haustür	19	30		x			x		6
Kellerdecke	38	30 – 50	x					x	9
Cheminée und Schwedenofen	–	30	–	–	–	–	–	–	–
Abluft Bad	–	20	–	–	–	–	–	–	–
Abluft Küche	11	20	x				x		5
Heizanlage	12	15		x			x		7
Heizverteilung	11	50			x		x		2
Warmwasseraufbereitung	12	15		x			x		5

* 10 = sofort, 1 = langfristig

Lohnt sich ein Wärmebild?

Seit einigen Jahren wird bei Hausbesitzern verstärkt Werbung gemacht für sogenannte Wärmebilder. Diese mit einer Spezialkamera aufgenommenen Bilder zeigen mit unterschiedlichen Farben, wo ein Haus gut isoliert ist und wo Wärme entweichen kann. Die Kosten für ein Wärmebild einer Fassade betragen schnell einmal einige Hundert Franken.

Solche Bilder zeigen eindrücklich, wo sich die Energielecks des eigenen Hauses befinden. Sie bilden eine gute Ergänzung zur detaillierten Untersuchung der einzelnen Bauteile, können diese aber nicht ersetzen. Damit das Resultat der Wärmebilder aussagekräftig ist, müssen Sie einige Dinge beachten:

— Falls Sie sowieso einen Energieberater oder eine Architektin für die Gebäudeanalyse beiziehen, fragen Sie zuerst diese Fachleute, ob ein Wärmebild überhaupt nötig ist.

— Beauftragen Sie nur eine Firma mit den Aufnahmen, die über entsprechende Erfahrung verfügt und Ihnen zu den Bildern auch eine Interpretation mitliefert.

— Achten Sie darauf, dass die Bilder bei trockener und kühler Witterung und bei einer Aussentemperatur erstellt werden, die 15 Grad unter der Temperatur im Haus liegt. Optimalerweise also in kalten Winternächten.

— Temperieren Sie am Tag der Aufnahmen alle Räume gleichmässig und halten Sie alle Fenster eine Stunde vor Aufnahmebeginn geschlossen.

Der Nutzen von Wärmebildern hält sich in Grenzen. Oft besteht das Risiko, die dadurch sichtbar werdenden Wärmebrücken überzubewertenund bauliche Massnahmen zu ergreifen, die gar nicht nötig wären. Deshalb sind solche Bilder sicher eine gute Ergänzung, ersetzen aber die Analyse durch Fachleute nicht.

Ziehen Sie einen Energieberater bei

Wenn Sie keine Zeit oder Musse haben, die ersten Abklärungen zum energetischen Zustand Ihres Gebäudes selber an die Hand zu nehmen, ist ein Energieberater die passende Ansprechperson für Sie (siehe auch Seite 65). Viele Energieberatungsstellen von Gemeinden und Kantonen sowie einige Elektrizitätswerke vermitteln solche Fachleute und übernehmen teilweise sogar die Kosten für die Basisberatung. Nachfragen lohnt sich also. Eine Auswahl von mehreren Hundert Energieberatern aus allen Regionen finden Sie auch auf der Internetseite des Gebäudeenergieausweises (www.geak.ch). Eine Basisberatung kostet in der Regel um die 600 Franken, eine ausführliche Beratung mit einer Kostenschätzung für die einzelnen Sanierungsschritte etwa 1200 Franken.

 Familie K. bewohnt ein 30 Jahre altes Haus. Sie sind sich bewusst, dass es energetisch verschiedene Schwachpunkte hat. So sind beispielsweise die Fenster nicht mehr dicht, die Fassade ist nicht isoliert und auch die Heizung gehört schon zu den älteren Modellen. Herr und Frau K. sind aber unsicher, welche Sanierungsarbeiten sie zuerst anpacken sollen und welche davon im Vergleich zu den Kosten den besten energetischen Nutzen bringen. Deshalb bestellen die beiden eine Energieberaterin zu sich nach Hause. Diese führt eine Analyse des Ist-Zustands durch, ergänzt die bereits bekannten Schwachpunkte durch weitere und zeigt dann ganz konkret, wo die K.s den Hebel zuerst ansetzen sollen.

Die Basisberatung Die erste Basisberatung, auch Energiecheck genannt, dauert in der Regel ein bis zwei Stunden und erfolgt direkt bei Ihnen im Haus. Zuerst errechnet der Berater aufgrund des Energieverbrauchs die Energiekennzahl Ihres Hauses direkt am Computer. So wird schnell klar, welchen energetischen Standard die Liegenschaft aufweist. Dann folgt ein Rundgang durchs Haus. Dabei inspiziert der Berater alle energetisch relevanten Bauteile, trägt sie in eine Tabelle ein und bewertet den Dämmwert und den baulichen Zustand. Zusätzlich prüft er, wie es um die Luftdichtigkeit steht, ob Kältebrücken vorhanden sind und wie gut der Wohnkomfort ist. Beim Rundgang wirft der Energieberater auch einen Blick auf die Heizanlage und die Warmwasseraufbereitung.

Abschliessend fasst er seine Eindrücke zusammen und schlägt Massnahmen zur kurz-, mittel- oder langfristigen Umsetzung vor. Zudem erhalten Sie – direkt oder nachträglich per Post – einen kurzen schriftlichen Bericht zu Ihrem Haus, der nochmals alle wichtigen Punkte auflistet.

 Sie vereinfachen die Arbeit des Energieberaters, wenn Sie vorgängig alle wichtigen Unterlagen zusammentragen. Also alle Energieverbrauchszahlen und Angaben zur beheizten Fläche Ihres Hauses (siehe Seite 47).

Die ausführliche Beratung Bei der ausführlichen Beratung kommt zur Basisberatung eine umfassende Analyse aller Bauteile mit detaillierten Vorschlägen zur Sanierung samt einer Prioritätenliste. Zusätzlich wird aufgezeigt, was die Sanierung des jeweiligen Bauteils etwa kosten wird und wie hoch die Einsparungen ausfallen. Wie bei der Basisberatung erhalten Sie einen schriftlichen Bericht mit der Analyse und der Auflistung aller Massnahmen. Dies stellt eine gute Grundlage für die nachfolgende Sanierung dar und zeigt Ihnen auch, mit welchen Kosten sie ungefähr rechnen müssen.

Ihre persönlichen Wünsche

Besteht aus energetischer Sicht ein grösserer Sanierungsbedarf an Ihrem Haus, sind oft auch andere Teile nicht mehr auf dem aktuellsten Stand. Wenn Sie die energetische Sanierung anpacken, ist dies meist der richtige Zeitpunkt, um die Nutzung und Optik aller Räume im Haus genauer unter die Lupe zu nehmen. Denn wenn sowieso grössere Eingriffe nötig sind – etwa der Austausch von Fenstern, das

Isolieren von Fassade und Dach oder Estrichboden –, lassen sich gleich noch andere bauliche Wünsche berücksichtigen.

Stellen Sie also eine Wunschliste für Anpassungs- und Renovationsarbeiten auf, die gleichzeitig mit der energetischen Sanierung angepackt werden könnten. Auf den folgenden Seiten erfahren Sie in Kurzform, welche Gedanken Sie sich machen sollten.

Nehmen Sie sich unbedingt die Zeit, die räumlichen Bedürfnisse in Ihrem Haus genauer zu prüfen. So kann es beispielsweise sinnvoll sein, statt das Dach nur zu isolieren, gleich das Haus aufzustocken. Oder nicht den Estrichboden, sondern das Dach zu dämmen und den Estrich zu einem Wohnraum auszubauen (Beispiele für Wohnraumerweiterungen in Kapitel 9, Seite 195).

Die Bedürfnisabklärung Wenn Sie schon länger in Ihrem Haus wohnen oder ein gebrauchtes Haus frisch erworben haben, klären Sie in einem ersten Schritt Ihre persönlichen Bedürfnisse ab. Die folgenden Fragen helfen Ihnen dabei:

— Sind Sie mit den zur Verfügung stehenden Räumen zufrieden?

— Welche Wünsche haben Sie ans eigene Zimmer und an die gemeinsam genutzten Räume?

— Wo steht genügend Platz zur Verfügung, wo ist es zu eng?

— Wie werden sich die Bedürfnisse in den nächsten Jahren verändern (Geburt von Kindern, Auszug von Kindern, Beruf, Hobbys)?

— Was gefällt Ihnen am Haus, was nicht?

— Funktionieren die täglichen Abläufe? Falls nicht, wo klemmt es?

— Genügt der Stauraum in den einzelnen Zimmern?

— Stimmt die Grösse der Räume oder müssten sie grösser bzw. kleiner sein?

— Sind Hauseingang und Terrassentüren am richtigen Ort?

Haben Sie die Fragen beantwortet, können Sie überlegen, ob Ihre Bedürfnisse in den bestehenden Räumen Platz finden oder ob es Anpassungen braucht: etwa durch den Abriss oder das Verschieben von Trennwänden, einen Anbau oder den Ausbau des Dachgeschosses. Am besten stellen Sie alle Wünsche auf einem Papier zusammen, inklusive möglicher Lösungsvorschläge. Dieses Papier ist später eine gute Diskussionsgrundlage für das Gespräch mit der Architektin.

Zeigt sich, dass die bestehenden Räume Ihren Bedürfnissen genügen, können Sie in einem weiteren Schritt den sonstigen Renovationsbedarf abklären. Am einfachsten geht dies mit einer kleinen Tabelle, in der Sie für jeden Raum eintragen, welche Oberflächen oder Teile erneuert werden sollen (siehe Beispiele).

Wichtig zu wissen: Veränderungen am Grundriss sind in der Regel kostenintensiv.

Beispiel 1: Küche

Bauteil	Zustand	Erneuern	Art der Arbeit
Wände Verputz	Verschmutzt	Ja	Streichen
Wände Plättli	I.O.	Nein	–
Boden	I.O.	Nein	–
Decke	I.O.	Ja	Streichen
Tür	Abgeblättert	Ja	Streichen
Küchenkombination	I.O.	Teilweise	Neue Arbeitsplatte
Kochherd	I.O.	Nein	–
Backofen	I.O.	Nein	–
Kühlschrank	Zu alt	Ja	Ersatz durch Gerät Klasse A++
Geschirrspüler	Zu alt	Ja	Ersatz durch Gerät Klasse AAA und Anschluss ans Warmwasser

Beispiel 2: Kinderzimmer

Bauteil	Zustand	Erneuern	Art der Arbeit
Wände	I.O	Nein	–
Boden Teppich	Abgetreten	Ja	Ersatz durch Parkett
Decke	I.O.	Nein	–
Tür	Abgeblättert	Ja	Streichen

Die Fachleute für die Gebäudeanalyse

Ihre eigenen Analysen zeigen Ihnen relativ schnell, inwieweit und in welchem Umfang eine energetische Sanierung Ihrer Liegenschaft nötig ist. Für die detailliertere Analyse, die Kostenschätzung und später die Planung der Ausführung empfiehlt es sich aber, Fachleute beizuziehen.

Nur wenn sich zeigt, dass Ihr Haus energetisch bereits in einem sehr guten Zustand ist und höchstens punktuelle Verbesserungen nötig sind, können Sie auf den Beizug von Fachleuten verzichten, die Arbeiten selber ausführen oder direkt an einen Handwerker vergeben (zur Zusammenarbeit mit Handwerkern siehe Seite 100).

Brauchen Sie fachliche Beratung?

Ob Sie für Ihr Sanierungsprojekt fachliche Begleitung brauchen oder die Handwerker direkt beauftragen können, hängt stark von der Art und dem Umfang der geplanten Arbeiten ab. Die Checkliste auf der nächsten Seite hilft Ihnen herauszufinden, welche Art der Beratung

Checkliste Beratungsbedarf

Art der Arbeit	Ja	Nein
Teil 1 – energetische Massnahmen	☐	☐
Isolation von Dach oder Estrich?	☐	☐
Isolation der Fassade?	☐	☐
Isolation der Kellerdecke oder des Kellers?	☐	☐
Austausch der Fenster?	☐	☐
Ersatz der Heizungsanlage?	☐	☐
Einbau einer kontrollierten Belüftung?	☐	☐
Total Ja Teil 1		
Teil 2 – weitere bauliche Massnahmen		
Ausbau des Estrichs zu Wohnraum?	☐	☐
Anpassungen am Grundriss?	☐	☐
Erneuerung von Bad und/oder Küche?	☐	☐
Auffrischung von Wohnräumen (Anstrich, Bodenbeläge)	☐	☐
Total Ja Teil 2		

für Sie nötig ist. Beantworten Sie die Fragen einfach mit Ja und Nein und addieren Sie am Schluss die Zahl der Antworten mit Ja in den beiden Teilbereichen.

Grundsätzlich gilt: Sind grössere optische Veränderungen oder Eingriffe in die Grundrisse geplant, braucht es sicher eine Architektin.

Interpretation der Ergebnisse in Teil 1

1 bis 2 Ja → Die Zusammenarbeit mit spezialisierten Handwerkern genügt.

3 bis 4 Ja → Ziehen Sie einen Energieberater bei.

5 bis 7 Ja → Ziehen Sie eine Architektin mit Erfahrung im Bereich energetischer Sanierungen bei.

Interpretation der Ergebnisse in Teil 2

1 bis 2 Ja → Die Zusammenarbeit mit spezialisierten Handwerkern genügt.

3 bis 4 Ja → Ziehen Sie eine Architektin mit Erfahrung im Bereich energetischer Sanierungen bei.

Architektin, Energieplaner oder Bauphysiker?

Zu den Experten, die sich eignen, gehören neben dem Energieberater Architektinnen, Energieplaner, Sanitär- und Heizungsplaner sowie Bauphysikerinnen. Welche Fachperson ist die richtige für Sie und Ihr Haus?

Der Energieberater Energieberater sind Fachleute aus dem Bau- und Ingenieurbereich, die sich auf die energetische Beratung spezialisiert haben. Mit seinem Fachwissen und den zur Verfügung stehenden Instrumenten kann ein Energieberater eine erste Analyse des

---

Diese Fragen sollten Sie stellen

Bevor Sie einem Energieberater den Auftrag für die Analyse Ihres Hauses geben, sollten Sie folgende Fragen stellen:

— Hat der Energieberater eine Zusatzausbildung oder Lehrgänge absolviert, die ihn als Fachmann für energetische Analysen auszeichnen?

— Ist der Energieberater auf einer Liste der GEAK-Experten oder von Minergie aufgeführt?

— Verfügt er über entsprechende Referenzen?

— Was umfasst die Analyse im Detail und was kostet sie?

— Wird am Schluss ein schriftlicher Bericht abgegeben?

— Kann der Energieberater, eventuell in Zusammenarbeit mit einer Architektin, später auch bei der Sanierung des Gebäudes beratend helfen?

energetischen Ist-Zustands Ihres Hauses erstellen. Dazu gehört auch die Ausstellung des Gebäudeenergieausweises GEAK (siehe Seite 50). Zudem zeigt der Energieberater auf, welche Massnahmen für die energetische Verbesserung nötig sind und welche Kosten in etwa damit verbunden wären (mehr dazu auf Seite 59).

Falls relativ klar ist, dass bauliche Veränderungen nötig sein werden, können Sie gleich von Beginn weg einen Energieberater engagieren, der gleichzeitig Architekt ist. Dieser kann Ihnen später auch bei der baulichen und gestalterischen Umsetzung weiterhelfen. Ein Energieberater mit ingenieurtechnischem Hintergrund hingegen muss Sie für die Sanierungsarbeiten an einen Architekten verweisen. Dadurch entsteht eine Schnittstelle, an der Wissen verloren gehen kann.

Die Architektin Verschiedene Architekturbüros haben sich auf die energetische Sanierung von Liegenschaften spezialisiert, etwa indem sich die Mitarbeiter in Kursen zu Minergie-Fachleuten ausgebildet haben. Sie sind die richtigen Ansprechpartner, wenn die ersten Analysen zeigen, dass eine umfassende Sanierung nötig sein wird. Zusammen mit weiteren Fachleuten, die oft beigezogen wer-

Diese Fragen sollten Sie stellen

Wenn Sie abklären, ob eine Architektin die passende Beraterin für Sie ist, sollten Sie folgende Fragen stellen:
— Verfügt die Architektin über eine Zusatzausbildung im Bereich Energie oder hat sie Lehrgänge absolviert?
— Ist sie Minergie-Fachplanerin oder sind entsprechende Referenzbauten vorhanden?
— Verfügt sie über ein Netzwerk von weiteren Fachleuten (Energieplaner, Bauphysiker)?
— Ist sie einer energetischen Sanierung gegenüber positiv eingestellt?

den (Energieplaner, Bauphysiker), kann eine versierte Architektin die komplette energetische Sanierung betreuen. Zudem kümmert sie sich auch um die ästhetischen Belange sowie die Umsetzung von räumlichen Veränderungen im Gebäude. Die Ästhetik ist vor allem bei der Fassadenisolation ein wichtiges Thema. Hier kann die Architektin ihre Stärken voll ausspielen. Im Normalfall übernimmt sie auch die Baueingabe (siehe Seite 88), die Bauleitung und die Abrechnung der kompletten Sanierung.

Noch immer sind viele Architekten energetischen Sanierungen gegenüber kritisch eingestellt. Sie betrachten vor allem die Isolation des Gebäudes als Einschränkung der planerischen Freiheit oder sie haben zu wenig Fachwissen und führen deshalb oft nur das gesetzlich nötige Minimum aus. Achten Sie also bei der Wahl des Architekturbüros darauf, dass dieses energetischen Sanierungen gegenüber positiv eingesellt ist und entsprechende Referenzen vorweisen kann. Eine gute Wahl sind beispielsweise Büros, die auch eingetragene Minergie-Fachplaner sind (Liste auf www.minergie.ch).

Der Energieplaner Ein Energieplaner wird bei Sanierungen meist von der Architektin beigezogen. Er evaluiert einerseits, welche Isolationsstärken nötig sind, anderseits die passenden haustechnischen Installationen wie Heizanlage, Belüftung (bei Minergie-Bauten) oder Sonnenkollektoren. Nach Bauende sorgt der Energieplaner dafür, dass alle Anlagen richtig eingestellt und die Benutzer entsprechend instruiert werden. Zudem erstellt er alle Dokumente, die für das Beantragen von Fördergeldern oder für die Vergabe des Minergie-Labels benötigt werden (siehe Seite 145 und 159).

Der Sanitär– und Heizungsplaner Der Sanitär– und Heizungsplaner kommt zum Einsatz, wenn es um die Auslegung und Evaluation der haustechnischen Anlagen geht. Also etwa, wenn eine Wärmepumpe, ein Sonnenkollektor oder eine Pelletheizung geplant ist. In der Regel wird er von der Architektin beigezogen.

Der Bauphysiker Die nachträgliche Isolation eines Gebäudes wirft immer wieder heikle bauphysikalische Fragen auf (siehe auch Seite 93). Deshalb zieht die Architektin oft einen Bauphysiker bei, um gemeinsam das passende Isolationssystem für die verschiedenen Bauteile zu finden, die Dämmstärken zu berechnen und den Wand- oder Dachaufbau festzulegen.

So finden Sie die richtigen Fachleute

Wie bei anderen Bauarbeiten, sind auch bei der energetischen Sanierung versierte Fachleute ein wichtiges Element für gutes Gelingen. Deshalb sollten Sie sich genügend Zeit nehmen, die passenden Leute für Analyse, Planung und Ausführung zu finden.

Energieberater finden Sie am einfachsten über die Energiefachstelle Ihrer Gemeinde oder Ihres Kantons sowie über die Internetseite des Gebäudeausweises (www.geak.ch). Etwas aufwendiger ist die Suche nach der passenden Architektin. Hier stehen Ihnen mehrere Wege offen:

— Fragen Sie Verwandte oder Bekannte, die ihr Haus bereits energetisch saniert haben, nach dem Namen des Architekten. Bei dieser Gelegenheit erfahren Sie auch gleich, wie zufrieden die Auftraggeber mit der Zusammenarbeit und der Qualität waren.

— Im Internet finden Sie verschiedene Seiten rund ums Bauen mit Listen von Referenzobjekten. Dort können Sie ebenfalls Baupartner mit der nötigen Ausbildung finden (Adressen im Anhang).

— Auf der Internetseite von Minergie können Sie nach Adressen von Fachleuten mit Weiterbildung im Bereich Minergie suchen (www.minergie.ch). Oder Sie schauen sich in der Gebäudeliste bereits sanierte Objekte an. Dort steht immer auch dabei, welcher Architekt die Sanierung ausgeführt hat.

Sammeln Sie frühzeitig Beispiele sanierter Objekte, die Ihnen gefallen, samt den Namen der beteiligten Planer und legen Sie diese ab. So haben Sie, wenn die eigene Sanierung aktuell wird, bereits einige Namen möglicher Architektinnen und Planer zur Hand und müssen mit der Suche nicht bei null beginnen.

Haben Sie einige Architekten gefunden, die infrage kommen, sollten Sie diese unbedingt genauer unter die Lupe nehmen: Schauen Sie sich Referenzobjekte an, fragen Sie die Bauherren nach ihrer Zufriedenheit und wägen Sie für sich ab, ob Sie sich auch auf persönlicher Ebene eine Zusammenarbeit gut vorstellen können.

Die restlichen Fachleute für die Planung müssen Sie nicht unbedingt selber suchen. In der Regel kennt die Architektin Energieplaner oder Bauphysiker, mit denen sie regelmässig und gut zusammenarbeitet und die ebenfalls auf die Sanierung von Gebäuden spezialisiert sind.

Erfahrungen aus der Praxis zeigen, dass viele Hausbesitzer bei Sanierungen ohne Anpassungen am Grundriss oder Innenausbau auf die Hilfe einer Architektin verzichten. Entscheiden auch Sie sich für dieses Vorgehen, sollten Sie zumindest einen Energieplaner beiziehen. Die Beratung der Handwerker reicht in der Regel nicht aus, da sie meist zu sehr auf den eigenen Arbeitsbereich fokussiert ist.

Die energetische Sanierung der Liegenschaft

Ist die Gebäudeanalyse unter Dach und Fach, geht es an die Umsetzung der baulichen Massnahmen. Je nach Bauweise des Hauses können Sie dabei auf standardmässige Lösungen zurückgreifen.

So packen Sie das Projekt an

Mit der detaillierten Gebäudeanalyse sowie der Zusammenstellung ihrer persönlichen Wohnbedürfnisse wissen Sie nun, welches die Schwachstellen Ihrer Liegenschaft sind und welche persönlichen Wünsche Sie im Rahmen einer Sanierung realisieren möchten.

Was davon wie umgesetzt wird, hängt zum einen von Ihrer finanziellen Situation ab, zum andern vom Ziel, das Sie mit der Sanierung des Hauses anstreben. Stellen Sie sich die folgenden Fragen, um herauszufinden, wohin der Weg führen könnte:

— Soll die Sanierung den Wohnkomfort steigern (siehe Seite 30)?
— Soll der Energieverbrauch des Hauses möglichst stark reduziert oder nur verbessert werden?
— Soll die Sanierung einem bestimmten Standard genügen (zum Beispiel Minergie)?
— Soll der Wiederverkaufswert erhöht werden?
— Sollen die Arbeiten am Stück oder in Etappen realisiert werden?
— Sollen die Arbeiten Teil eines langfristigen Sanierungskonzepts sein, oder sind vorerst nur marginale Verbesserungen und erst später eine umfassende Erneuerung geplant?

Je nach Umfang Ihres Vorhabens benötigen Sie Fachleute für die Planung und die Ausführung. Wer Ihnen wobei helfen kann, erfahren Sie auf Seite 63.

Etappiert oder am Stück?

Energetische Optimierungen haben lange Abschreibezeiten von 30 bis 40 Jahren. Sind an Ihrem Haus umfangreichere Erneuerungen in diesem Bereich nötig und reicht das Geld nicht aus, ist es deshalb sinnvoll, die Hypothek aufzustocken und die Arbeiten in einem Zug durchzuführen. Eine Etappierung empfiehlt sich meist nur dann, wenn der Zustand der Bauteile sehr unterschiedlich ist. Ein Beispiel: Wurde das Dach erst vor wenigen Jahren erneuert, ist es unsinnig, hier schon wieder Arbeiten auszuführen. Hingegen kann die Fassade bereits isoliert und die Fenster können ausgetauscht werden.

Realisierungsvarianten im Vergleich

	Sanierung in Etappen	Sanierung am Stück
Vorteile	+ Der Finanzbedarf verteilt sich über längere Zeit.	+ Der Energieverbrauch sinkt direkt nach der Sanierung massiv.
	+ Mehrmalige Steuerabzüge sind möglich.	+ Die Unannehmlichkeiten der Sanierung sind von kurzer Dauer.
	+ Die Liegenschaft bleibt die ganze Zeit bewohnbar.	+ Durch die Nutzung von baulichen Synergien fallen die Kosten tiefer aus.
		+ Das Haus ist nach kurzer Zeit komplett erneuert.
		+ Der Planungsaufwand ist tiefer, da alle Arbeiten dicht aufeinanderfolgen.
		+ Alle baulichen Übergänge lassen sich optimal lösen.
Nachteile	− Der Energieverbrauch sinkt nur nach und nach.	− Auf einen Schlag fällt ein grosser Finanzbedarf an.
	− Während längerer Zeit gibt es immer wieder Unannehmlichkeiten durch die Sanierung.	− Steuerabzüge sind nur in einem oder zwei Jahren möglich.
	− Die Totalkosten sind höher, da nur wenige Synergien genutzt werden können.	− Die Liegenschaft ist während des Umbaus nur sehr eingeschränkt oder gar nicht bewohnbar.
	− Bis alles fertig ist, sind die ersten erneuerten Bauteile eventuell schon wieder abgenutzt.	
	− Bauliche Übergänge lassen sich nicht immer optimal oder nur mit Provisorien lösen.	
	− Der Planungsaufwand ist höher, da alles langfristig abgestimmt werden muss.	

Bei der Abwägung zwischen Etappierung und Ausführung am Stück, sollten Sie auch daran denken, welchen Einfluss die beiden Varianten auf Ihren Alltag haben: Bei einer Sanierung an einem Stück wird das Haus für einige Wochen zur Grossbaustelle. Dafür sind die Arbeiten schnell erledigt und man wohnt danach wieder in Ruhe in einem rundum erneuerten Objekt. Eine Erneuerung über mehrere Jahre führt hingegen meist zu einer Dauerbaustelle mit entsprechend lang anhaltenden Störungen: Kaum hat man sich wieder eingerichtet, beginnt der nächste Sanierungsabschnitt. Das kann zu einer grösseren Belastung werden als eine Sanierung am Stück, die man vielleicht teilweise auch auf eine Ferienabwesenheit legen kann. Deshalb sollten Sie gut abwägen, welche Variante Ihrem Naturell mehr entspricht.

Wichtige Schnittstellen

Die Übergänge zwischen den einzelnen Bauteilen sind bei der energetischen Sanierung eines Gebäudes Schlüsselstellen. Beispielsweise der Anschluss eines Fensters an die Aussenwärmedämmung oder der Übergang zwischen Dach und Wand. Sanieren Sie in Etappen, erfolgt die Unterteilung der Arbeiten meist genau an solchen Schnittstellen. Entsprechend können diese nicht immer optimal gelöst werden oder es sind Provisorien nötig. Um saubere und dichte Übergänge zwischen den Bauteilen zu erhalten, ist die Sanierung am Stück deshalb die bessere Variante.

Die richtige Reihenfolge Entscheiden Sie sich für eine Etappierung der energetischen Sanierung Ihres Hauses, stellt sich schnell einmal die Frage: Wo beginnen? Bei den Fenstern oder doch besser im Estrich? Schrittgeber ist hier der Zustand der Bauteile, den Sie mit der Gebäudeanalyse eruiert haben (siehe Seite 57). Ist ein Bauteil gut erhalten und genügt es den energetischen Anforderungen, sind dort keine baulichen Massnahmen nötig. Ist ein Bauteil hingegen in schlechtem Zustand, kann sich eine Sanierung aufdrängen. Wichtig ist es aber, diesen Teil des Hauses nicht isoliert zu betrachten, sondern im Kontext einer Gesamtlösung.

Ein Beispiel: Ist die Hausfassade in einem schlechten Zustand und muss sowieso erneuert werden, sollten sie diese Arbeit vorziehen und das vorhandene Geld dort für eine besonders gute Lösung investieren. Die ebenfalls nötige Dämmung des Estrichbodens können Sie zwar bereits planen, aber noch einige Zeit zurückstellen, da sie sich gut separat zu einem späteren Zeitpunkt realisieren lässt. Solche Betrachtungen sind für Baulaien oft schwierig und es lohnt sich deshalb, Fachleute wie eine Energieberaterin oder einen versierten Architekten beizuziehen.

Fenstertausch vorziehen? Ein Austausch der Fenster erscheint zwar auf den ersten Blick als einfache, schnelle Lösung, um den Energieverbrauch zu senken. Doch Untersuchungen aus Deutschland zeigen, dass bei üblichen Fenstergrössen die Kosten im Verhältnis zur möglichen Energieeinsparung wesentlich höher liegen als bei anderen Bauteilen. Anders sieht es hingegen bei grossen verglasten Bauteilen aus, etwa bei raumhohen Fensterfronten. Hier kann ein rascher Ersatz aus energetischen Gründen durchaus sinnvoll sein und einen markanten Komfortgewinn bringen.

✽ Werden die Fenster erneuert, ohne dass die Fassade isoliert wird, ist bei älteren Bauten mit bauphysikalischen Problemen zu rechnen, da der Luftaustausch durch die bisher undichten Fenster entfällt. Dann kann die in der Raumluft enthaltene Feuchte an kalten Bauteilen kondensieren und dort zu Schimmelproblemen führen. Tauschen Sie also nur die Fenster aus, müssen Sie unbedingt darauf achten, richtig zu lüften (mehr dazu auf Seite 93).

Wichtige Punkte bei der energetischen Sanierung Nur zu oft wird die energetische Sanierung eines Hauses falsch angepackt. Viele Hausbesitzer gehen ohne ganzheitliche Planung vor und erneuern immer, wenn Geld zur Verfügung steht oder es aufgrund des baulichen Zustands nötig ist, ein Bauteil. Diese Vorgehensweise führt in den seltensten Fällen zu einem befriedigenden Ergebnis, kostet viel Geld und spart nur bedingt Energie ein. Hier einige Punkte, die Sie unbedingt beachten sollten:

— Tauschen Sie wenn immer möglich die Heizungsanlage erst aus, wenn die Gebäudehülle isoliert worden ist. Der Grund: Wird zuerst die Heizung getauscht, ist sie später für das wesentlich besser gedämmte Haus überdimensioniert und arbeitet ineffizient. Achtung: Diese Regel gilt nur, wenn die gesamte energetische Sanierung in wenigen Jahren realisiert werden kann. Ist dies nicht der Fall, lohnt es sich möglicherweise, die Heizung trotzdem auszutauschen, da sie bis zum Abschluss der Sanierung des Hauses bereits wieder erneuert werden muss.

— Ersetzen Sie die Fenster wenn immer möglich zusammen mit der Dämmung der Fassade oder stimmen Sie zumindest die neuen Fenster auf eine künftige Dämmung ab. Der Grund: Beim Dämmen der Fassade sollten auch die Fensterlaibungen isoliert werden – und das muss bei der Rahmenbreite der Fenster berücksichtigt werden. Dieses Vorgehen hat noch einen weiteren Vorteil: Bei kombinierten Sanierungen ist es oft möglich, die Fenster leicht grösser zu machen und so mehr Licht in die Räume zu holen.

— Sparen Sie nicht bei der Isolationsdicke. Der Grund: Teuer beim Isolieren sind alle damit verbundenen Arbeiten – das Aufstellen des Gerüstes, das Verputzen der fertigen Fassade, die Anschlüsse an Fenster und Türen. Das zusätzliche Material für eine dickere Isolation hingegen schlägt nur mit einem geringen Aufpreis zu Buch und amortisiert sich durch die eingesparte Energiemenge rasch wieder (siehe Seite 156).

— Lassen Sie Isolationsarbeiten an Fassade und Dach nur von Fachleuten oder zumindest unter ihrer Aufsicht ausführen. Der Grund: Eine falsch ausgeführte Isolation kann massive Bauschäden zur Folge haben. Beispielsweise weil es zu einer Durchfeuchtung mit anschliessender Schimmelbildung kommt.

So wird die Hülle gedämmt

Kern der energetischen Erneuerung eines Hauses ist die Verbesserung der Gebäudehülle. Ziel ist eine Senkung des Heizenergieverbrauchs auf umgerechnet fünf bis sechs Liter Öl pro Quadratmeter und Jahr. Diese Vorgabe lässt sich mit einer möglichst dicken Isolation aller aussen liegenden Bauteile sowie dem Tausch alter Fenster gegen moderne Isolierverglasungen erreichen.

Auf den folgenden Seiten finden Sie Beschreibungen der Standardlösungen zur Dämmung von Bauteilen. Welche davon für Ihr Haus am besten geeignet ist, hängt stark von den baulichen Gegebenheiten ab. In der Regel benötigen Sie deshalb die Hilfe von Baufachleuten – zumindest für die Planung der Arbeiten.

Dach und Estrichboden

Da Wärme aufsteigt, geht über ein schlecht oder nicht isoliertes Dach besonders viel Energie verloren. Deshalb lohnt es sich, hier eine dicke Dämmschicht einzubauen. Gleichzeitig ist das Dach aufgrund seiner Funktion als Witterungsschutz gegen oben ein sehr heikles Bauteil. Lassen Sie also Arbeiten an der Dachhaut nur von Fachleuten ausführen.

Schräg- und Pultdach In der Regel wird die Isolation zwischen den bestehenden Sparren (Dachbalken) angebracht. Dort lassen sich aber meist nur 10 bis 15 Zentimeter Isolation montieren. Dann ist es sinnvoll, die Sparren auf der Innenseite mit zusätzlichen Balken aufzudoppeln, sodass ein Hohlraum von 20 bis 30 Zentimetern entsteht.

Wird für die Isolation Stein- oder Glaswolle verwendet (siehe Tabelle im Anhang), wird diese von Hand zwischen die Balken geklemmt und danach über der ganzen Fläche eine Dampfsperre angebracht. Bei diffusionsoffenen Konstruktionen kann man unter Umständen auf diese Sperre verzichten und stattdessen nur eine Dampfbremse oder ein sogenanntes Windpapier verwenden. Ob dies sinnvoll ist, können nur Fachleute beurteilen, beispielsweise ein Bauphysiker. Kommt eine Isolation aus Zelluloseflocken zum Einsatz, wird nach dem Aufdoppeln der Sparren als Abschluss gegen den Raum hin zuerst eine Dampfbremsfolie und danach eine Schicht aus Gipsplatten oder Holztäfer montiert. Der so entstandene Hohlraum wird schliesslich mit den Flocken ausgeblasen.

— **Optimale Isolationsstärke:** 20 bis 30 Zentimeter

— **Das sollten Sie bedenken:** Eine Isolation des Daches ist nur sinnvoll, wenn die Räume direkt unter dem Dach bewohnt werden. Sollen sie auch längerfristig nur als Estrich dienen – etwa weil die Raumhöhe zu klein ist –, ist es besser, den Estrichboden zu isolieren (siehe Seite 80).

— **Spezielles:** Je nach Alter verfügt Ihr Dach allenfalls noch nicht über eine Unterdachkonstruktion. Darunter versteht man eine zweite, wasserfeste Schicht unter den Ziegeln oder dem Blech, die bei einer Beschädigung der äusseren Dachhaut das Eindringen des Wassers in die Wohnräume verhindert. Fehlt diese Schicht, ist es unbedingt nötig, im Rahmen der Isolationsarbeiten das Dach vollständig auszudecken, ein Unterdach anzubringen und dann das Dach wieder neu einzudecken.

Planen Sie zu einem späteren Zeitpunkt den Einbau eines Sonnenkollektors, sollten Sie den Dachdecker oder Zimmermann unbedingt darauf hinweisen. Er kann so bereits alle baulichen Vorkehrungen treffen, die den Einbau später einfach möglich machen.

Flachdach Die meisten Flachdächer verfügen bereits über eine Isolationsschicht. Auch mit der neuen Isolation bleibt sich der Dachaufbau gleich, bloss die Isolationsschicht wird dicker ausgeführt. Zum Einsatz kommen verschiedenste Materialien: beispielsweise

Offen oder geschlossen?

In Wohnräumen entsteht viel Wasserdampf. Dies muss bei der Dämmung von Bauteilen berücksichtigt werden, da es sonst zu Schäden kommen kann. In der Baupraxis kommen heute zwei Konstruktionsweisen zur Anwendung:

— Bei der **diffusionsoffenen** Variante werden für die Isolation Materialien verwendet, die den Wasserdampf von innen nach aussen abtransportieren können. Also beispielsweise Kork oder Zellulosefasern (siehe Tabelle im Anhang).

— Bei der **diffusionsgeschlossenen** Variante wird auf der Innenseite der Isolationsschicht eine spezielle Kunststofffolie als Diffusionssperre angebracht. Sie verhindert, dass der Wasserdampf bis in die Isolationsschicht gelangt, dort kondensiert und diese durchfeuchtet. Damit es im Hausinnern trotzdem nicht zu feucht wird, ist regelmässiges Lüften oder eine kontrollierte Belüftungsanlage noch wichtiger als bei einer diffusionsoffenen Konstruktion (siehe Seite 93).

Die diffusionsgeschlossene Variante wird heute am häufigsten angewendet. Sie hat aber den Nachteil, dass Beschädigungen der Dampfsperre zu Bauschäden führen können, wenn die Feuchtigkeit in die Isolationsschicht gelangt. Sicherer ist eine Konstruktion, deren Dampfdiffusion nach aussen hin zunimmt und so sicherstellt, dass entstehende Feuchte auf alle Fälle abgeführt wird.

Schaumglasplatten, Korkplatten, XPS- oder EPS-Platten (siehe Tabelle im Anhang). Der exakte Aufbau der Dachkonstruktion hängt aber vom gewählten System ab und wird vom Bauphysiker oder Dachdecker bestimmt.

— **Optimale Isolationsstärke:** 20 bis 30 Zentimeter

— **Das sollten Sie bedenken:** Durch die dickere Isolation wird das Dach meist einiges höher. Um diesen Punkt optisch befriedigend zu lösen, sollten Sie eine Fachperson beiziehen.

Unter Umständen muss die Dachform geändert werden, damit die hohe Isolationsschicht das Bild des Hauses nicht stört.

— **Spezielles:** Wenn Sie das Dach sowieso neu aufbauen, sollten Sie als abschliessende Schicht eine extensive Begrünung wählen. Sie sorgt für ein ausgeglicheneres Klima im Gebäude und ersetzt ein Stück weit die Grünfläche, die Ihr Haus belegt.

Estrichboden Estrichböden in älteren Häusern sind meist gleich aufgebaut: Eine Reihe Holzbalken bildet das Rückgrat der Konstruktion. Daran ist unten (gegen die Zimmer hin) eine Gipsdecke montiert. Zwischen den Balken liegen ein sogenannter Blindboden und

---

Achtung Lebewesen!

Mit Arbeiten am Dach, aber auch an der Fassade greifen Sie in einen Bereich ein, an dem oft jahrzehntelang nichts verändert wurde. Vor allem Hohlräume im Dachstock sowie unter den Dachziegeln sind beliebte Unterschlüpfe für Vögel wie Mauer- und Alpensegler, aber auch für Fledermäuse. Bei Arbeiten am Dach besteht die Gefahr, dass Sie die Vögel und Fledermäuse aus ihrem Lebensraum verdrängen. Beobachten Sie deshalb einige Zeit vor Beginn der geplanten Arbeiten, ob die tangierten Bereiche von Vögeln bewohnt werden. Falls ja, sollten Sie darauf achten, mit den Arbeiten nicht zu Zeiten zu starten, in denen die jeweiligen Vogelarten brüten oder Junge im Nest aufziehen. Holen Sie im Zweifelsfall bei der Vogelwarte in Sempach genauere Informationen ein (www.vogelwarte.ch) oder ziehen Sie einen örtlichen Ornithologen bei.

Bei der Sanierung von Dächern werden zudem oft die vorhandenen Schlupföffnungen verschlossen. Es gibt aber einfache Möglichkeiten, neue Schlupflöcher zu schaffen, ohne dass es deshalb später zu Verschmutzungen der Fassade kommt. Auch hier können Sie sich bei der Vogelwarte erkundigen. So stellen Sie sicher, dass Mauer- und Alpensegler auch nach der Sanierung wieder einen Unterschlupf finden.

---

darüber eine Schüttung aus Ziegelschrot oder Schlacke. Oben auf den Balken sind Holzbretter als Estrichboden aufgenagelt.

Für die Isolation haben Sie zwei Möglichkeiten: Sie können den Hohlraum zwischen Gipsdecke und Estrichboden mit Isolationsmaterial füllen oder Sie bringen auf dem Estrichboden eine Isolationsschicht und einen neuen Boden an. Für die Variante mit den gefüllten Hohlräumen eignen sich vor allem Zelluloseflocken zum Einblasen (siehe Tabelle im Anhang). Dazu müssen einige Bodenbretter entfernt werden. Diese Arbeiten sollten aber nur von Isolationsfachleuten oder Zimmerleuten ausgeführt werden, damit sichergestellt ist, dass die Isolation an allen Stellen erfolgt.

Einfacher ist die zweite Variante. Dazu legen Sie auf dem Estrichboden eine Dampfsperre aus und kleben diese luftdicht ab. Das ist wichtig, weil sonst Fäulnisschäden entstehen können. Darüber folgen Isolationsplatten in der gewünschten Dicke. Häufig kommen dabei Steinwolleplatten zum Einsatz. Über den Steinwolleplatten wird dann ein neuer Boden angebracht. Meist verlegt man dazu grossflächige Platten (beispielsweise Spanplatten). Wegen der darunterliegenden Isolation federt der Boden zwar ein bisschen, was aber im Estrich nicht stören sollte.

— **Optimale Isolationsstärke:** 20 bis 30 Zentimeter

— **Das sollten Sie bedenken:** Isolieren Sie den Estrichboden nur, wenn klar ist, dass auf längere Zeit hinaus kein Ausbau des Estrichs zu Wohnraum geplant ist, oder wenn sich dieser wegen der geringen Höhe gar nicht dafür eignet. Durch die dicke Isolation verlieren Sie je nach Konstruktion zudem an Raumhöhe. Unter Umständen passt dann das eine oder andere bisher im Estrich stehende Möbel nicht mehr hinein.

— **Spezielles:** Mit der Isolation des Estrichbodens allein ist es meist noch nicht getan. In der Regel müssen Sie auch den Estrichaufgang anpassen. Vor allem bei den üblichen abklappbaren Estrichöffnungen mit integrierter Leiter lohnt es sich, zusätzliche Dichtungsbänder anzubringen, um ein Entweichen warmer Luft in den Estrich zu verhindern.

Fassade, Fenster und Kellerdecke

Die gängigste Art der nachträglichen Fassadenisolation ist eine aussen angebrachte Wärmedämmung mit Verputzschicht, von den Fachleuten auch Kompaktfassade genannt. Je nach Haus und dessen Konstruktionsweise gibt es aber auch eine ganze Zahl anderer Lösungen: etwa eine hinterlüftete Konstruktion, das Füllen bestehender Hohlräume oder gar eine Isolation auf der Innenseite. Um die passende Variante zu finden, lohnt es sich auf jeden Fall, eine Architektin beizuziehen.

Kompaktfassade Bei einer Aussenwärmedämmung werden Isolationsplatten mit Spezialklebern oder Dübeln direkt auf der bestehenden Fassade montiert. Darüber folgt ein Armierungsnetz aus Kunststoff, überzogen mit einer Verputzschicht. Als Material für die Isolation kommt beispielsweise Steinwolle, EPS oder Kork zur Anwendung. Spezielles Augenmerk gilt den Fensterlaibungen und Rollladen- oder Storenkästen. Die Fensterlaibungen werden in der Regel ebenfalls isoliert, meist aber relativ dünn, da sonst die Fenster zu klein ausfallen. Die Storenkästen integriert man häufig in die Isolationsschicht und verwendet Modelle, die gegen die Hausinnenseite hin ebenfalls isoliert sind.

— **Optimale Isolationsstärke:** 18 bis 24 Zentimeter

— **Das sollten Sie bedenken:** Eine dicke Aussenisolation verändert die Optik Ihres Hauses, vor allem auch im Bereich der Fenster, die plötzlich bis zu 20 Zentimeter weiter innen liegen. Gerade bei kleineren Fenstern kann so ein schiessschartenartiger Eindruck entstehen. Deshalb sollten Sie unbedingt eine Architektin beiziehen, um die Optik der neuen Fassade gescheit zu lösen. Stehen die Fenster sowieso zum Austausch an, besteht die Möglichkeit, sie weiter aussen zu montieren. Das sieht nicht nur schöner aus, sondern ist auch aus bauphysikalischer Sicht besser und ergibt im Hausinnern Fensternischen, die sich gut als Ablagefläche oder Sitzgelegenheit eignen.

— **Spezielles:** Kompaktfassaden aus EPS-Platten (Styropor) mit dünnen Verputzen aus Kunststoff neigen zur Algenbildung. Der Grund: In klaren Nächten setzt sich auf dem Verputz Feuchtigkeit ab, die an schattigen Stellen nicht trocknen kann und so die Bildung von Algen ermöglicht. In der Regel werden die Wände deshalb mit Farben gestrichen, die chemische Algenkiller enthalten. Die Garantie dafür wird aber nur für zwei Jahre gegeben, dann muss die Fassade neu eingesprüht werden. Zudem gelangen die giftigen Algizide ins Erdreich. Besser sind deshalb Konstruktionen mit dicken Verputzen auf mineralischer Basis oder sogenannte Silikatputze. Diese können gemäss Herstellerangaben Feuchtigkeit speichern und wieder abgeben und wirken aufgrund ihrer natürlichen Zusammensetzung als Algenhemmer.

Hinterlüftete Fassade Bei dieser Variante wird direkt auf der bestehenden Fassade eine Hilfskonstruktion aus Holz- oder Metallprofilen aufgebracht. Sie hält später die Isolationsplatten oder bildet zusammen mit einer Verkleidung den Hohlraum für die Zelluloseflocken. Auf die Isolationsschicht folgen ein Hohlraum, die sogenannte Hinterlüftung, und davor dann die eigentliche Fassadenverkleidung. Meist werden dafür Platten (zum Beispiel Eternit) oder eine Holzverschalung gewählt. Die Vorteile dieser aufwendigeren Konstruktionsart: Zum einen lässt sich ein eventueller Algenbefall besser reinigen als bei Kompaktfassaden, zum andern kann die Fassadenhaut einfach repariert oder gar später einmal die Verkleidung ausgetauscht werden.

— **Optimale Isolationsstärke:** 18 bis 24 Zentimeter (ohne Deckschicht)

— **Das sollten Sie bedenken:** Eine hinterlüftete Fassade fällt dicker aus als eine Kompaktfassade, da sie einerseits zusätzlich zur Isolationsschicht noch eine Hinterlüftungsschicht braucht und anderseits der Dämmwert aufgrund der Hilfskonstruktion zehn Prozent schlechter ausfällt, sodass zehn Prozent dicker isoliert werden muss. Dadurch fällt das Problem der tiefen Fensterlaibungen stärker ins Gewicht als bei einer Kompaktfassade. Zudem verändert die Verkleidung einer hinterlüfteten Fassade das Bild des Hauses massiv. Deshalb sollten Sie auch für eine hinterlüftete Fassade unbedingt eine Fachperson beiziehen, um die neue Optik des Hauses mit ihr zusammen zu gestalten.

— **Spezielles:** Eine hinterlüftete Fassade ist der Rolls Royce unter den Aussenisolationen und entsprechend auch die teuerste Variante. Sie ist vor allem dann sinnvoll, wenn Sie aus architektonischen Gründen dem Haus eine ganz neue Optik verpassen wollen – beispielsweise mit grossflächigen Platten oder einer Holzfassade – und wenn Sie eine äusserst langlebige, pflegeleichte Konstruktion suchen.

Innenisolation Analog zur Kompaktfassade werden auf der Innenseite der Aussenwände Isolationsplatten angebracht und diese mit Gipskartonplatten verkleidet und verputzt. Besonders bei dieser Konstruktion ist eine Dampfsperre nötig. Diese wird zwischen Gipsplatte und Isolation angebracht. Eine weitere Variante ist, auf den Wänden Holzbalken zu montieren und diese mit Gipskartonplatten zu verkleiden. Die so entstandenen Hohlräume können dann mit Zellulosefasern gefüllt werden.

— **Optimale Isolationsstärke:** 18 bis 24 Zentimeter

— **Das sollten Sie bedenken:** Eine Isolation auf der Innenseite der Aussenmauern ist immer die heikelste Lösung und sollte nur gewählt werden, wenn eine Isolation auf der Aussenseite nicht möglich ist (zum Beispiel aus baulichen oder denkmalpflegerischen Gründen, siehe Seite 92). Der Grund: Da die Isolation eigentlich auf der falschen Seite angebracht ist, kann der sogenannte Taupunkt (siehe Glossar im Anhang) an einen ungünstigen Ort zu liegen kommen. Zudem verlieren Sie mit einer Innenisolation Wohnfläche. Deshalb werden die wünschbaren 18 bis 24 Zentimeter Isolationsstärke oft gar nicht erreicht. Wegen der heiklen bauphysikalischen Situation bei Innenisolationen ist es unumgänglich, einen Bauphysiker beizuziehen.

— **Spezielles:** Achten Sie darauf, dass auch im Bereich der Fensterlaibungen eine Dämmung angebracht wird. Das ist wichtig, weil dort sonst Kondensationsschäden entstehen können. Meist fehlt aber der Platz dafür, sodass ein Austausch der Fenster nötig ist.

Füllen von Hohlräumen Je nach Baujahr und Konstruktionsweise verfügt Ihr Haus unter Umständen in den Aussenwänden über Hohlräume, die mit Dämmmaterial gefüllt werden können. In der Zeit vor dem Zweiten Weltkrieg etwa wurden teilweise schon zweischalige Mauerwerke aus Ziegeln errichtet. Sie bestehen aus zwei parallel nebeneinanderstehenden Ziegelmauern mit einer Luftschicht dazwischen. Von der Aussenseite her werden Löcher in die Mauern gebohrt und Schläuche in den Hohlraum geführt, um Zelluloseflocken einzublasen. Am Schluss werden die Löcher wieder geschlossen, die Fassade wird ausgebessert und neu gestrichen. Häuser aus der Zeit vor 1900 verfügen oft über Zimmerwände, die vom Boden bis zur Decke getäfert sind. Zwischen der eigentlichen Aussenwand und dem Täfer ist meist ein recht grosser Hohlraum vorhanden. Auch dieser lässt sich mit Zelluloseflocken füllen. Dazu werden entweder Löcher ins Täfer gebohrt oder einzelne Bretter entfernt.

— **Optimale Isolationsstärke:** Entsprechend dem vorhandenen Raum

— **Das sollten Sie bedenken:** Das Füllen bestehender Hohlräume ist nicht ganz einfach. Deshalb benötigen Sie unbedingt Fachleute dafür. Einerseits einen Bauphysiker (siehe Seite 68), der sicherstellt, dass dadurch keine bauphysikalischen Probleme entstehen, anderseits Isolationsfachleute (siehe Seite 99), die mit solchen Arbeiten vertraut sind.

— **Spezielles:** Selten genügt die vorhandene Tiefe der Hohlräume für eine ausreichende Isolation. In solchen Fällen lassen sich verschiedene Isolationen kombinieren. Beispielsweise, indem zusätzlich zum Füllen der Hohlräume die Fassade noch mit einem dicken Isolierverputz versehen wird. In der Regel ist eine Aussenwärmedämmung (Kompaktfassade oder hinterlüftete Konstruktion) günstiger und energetisch besser als die Kombination aus gefüllten Hohlräumen und einem Isolierputz. Wann immer die Möglichkeit besteht, sollten Sie deshalb auf die Aussenwärmedämmung setzen.

Fenstertausch Der Austausch von Fenstern ist heute Routinesache. Geübte Fensterbauer brauchen pro Fenster weniger als eine Stunde: Die alten Fensterflügel werden ausgehängt, der vorhandene Rahmen mit einer flexiblen Säge zerlegt und herausgerissen oder zumindest wandbündig abgeschnitten. Dann folgen die Montage des neuen Rahmens und das Ausstopfen der Randbereiche. Hier ist es wichtig, dass sogenannte Seidenzöpfe (dickes Isolationsband, geflochten aus Stofffasern oder anderem faserförmigem Isolationsmaterial) oder Kompressionsbänder verwendet werden und kein Isolierschaum. Nach dem Ausstopfen folgt auf der Aussenseite der Anschluss des Wetterschenkels. Dann werden die neuen Fensterflügel eingehängt und justiert.

— **Optimale Isolationsstärke:** U-Wert Glas 0,7 oder kleiner, U-Wert gesamte Fensterkonstruktion 1,0 oder kleiner (siehe Glossar im Anhang)

— **Das sollten Sie bedenken:** Sparen Sie nicht beim Fenstertausch. Die Preisunterschiede zwischen einem durchschnittlichen Fenster und einem Topfenster (U-Wert Glas 0,7 oder kleiner) sind gering. Wichtig ist aber auch die Optik. Je schmaler die Fensterprofile, desto mehr Licht kommt in den Raum. Hier sollten Sie unbedingt verschiedene Modelle vergleichen. Für welches Material (Kunststoff, Holz, Holz-Metall) Sie sich entscheiden, hängt einerseits vom Preis, anderseits von der gewünschten Optik ab. Bezüglich Isolationswert sind die Unterschiede zwischen den Rahmenmaterialien nicht sehr gross (siehe Tabelle). Informationen zu besonders guten Fenstern finden Sie auf der Internetseite www.topfenster.ch.

— **Spezielles:** Neue Fenster und die Fassadenisolation müssen gut aufeinander abgestimmt sein. Das ist vor allem dann wichtig, wenn die Fassade erst zu einem späteren Zeitpunkt isoliert wird. Dann sollten Sie darauf achten, dass die Fensterrahmen so breit sind, dass später noch eine Isolation der Fensterlaibungen möglich ist.

Bei schmalen, zweiflügligen Fenstern sollten Sie unbedingt prüfen ob Sie diese nicht besser durch einflüglige Modelle ersetzen. Dadurch erhalten Sie mehr Licht in den Innenräumen.

Fenstermodelle im Vergleich

	U-Wert (Wärmedämmung Rahmen und Glas zusammen)*	Lebensdauer	Ökologie Material	Ökologische Belastung**
Holzfenster	0,96	Ca. 30 Jahre	Nachwachsender Rohstoff	3770
Kunststofffenster	0,99	Ca. 30 Jahre	Kunststoff auf Erdölbasis, Rückgabe an Hersteller zwecks Recycling möglich	5800
Holz-Metall-Fenster	0,99	Ca. 30 Jahre	Nachwachsender Rohstoff, Aluminium; energieintensive Herstellung	4760

Angenommene Fenstergrösse: 165 cm breit, 130 cm hoch; die Angaben beziehen sich auf Fenster mit Dreifach-Isolierverglasung.

* U-Wert = Wärmedurchgangskoeffizient; je kleiner der Wert, desto besser ist die Wärmedämmung (siehe Glossar im Anhang).

** Gemessen in UBP/m^2a = Umweltbelastungspunkte pro Quadratmeter und Jahr; je kleiner die Zahl, desto geringer ist die Umweltbelastung über die gesamte Lebensdauer.

Quellen: Hersteller, www.bauteilkatalog.ch

Kellerdecke Die Isolation der Kellerdecke erfolgt in den meisten Fällen von unten her. Speziell dafür geeignete Platten in der gewünschten Dicke werden mit Spezialdübeln an der Kellerdecke befestigt oder dort festgeleimt. Besteht die Kellerdecke aus Holzbalken (analog zum Estrichboden), kann die Isolation zwischen den Balken angebracht und von unten abgedeckt werden.

— **Optimale Isolationsstärke:** 10 bis 15 Zentimeter

— **Das sollten Sie bedenken:** Die Isolation der Kellerdecke verkleinert die Raumhöhe. Deshalb sollten Sie vorgängig prüfen, ob die Höhe auch danach noch ausreicht, um sich im Keller einigermassen bequem bewegen zu können. Zudem sind mit der Isolation einige zusätzliche Anpassungen verbunden. Vorhandene Lampen beispielsweise müssen neu eingebaut werden. Zudem wird der Keller durch die Isolation kälter, da die Wärmezufuhr aus dem darüberliegenden Geschoss wegfällt. Falls Sie gleichzeitig die Aussenfassade isolieren, sollten Sie deshalb diese Dämmung in Form einer sogenannten Perimeterisolation bis rund 30 Zentimeter in den Boden hinein führen.

— **Spezielles:** Damit der Keller wirklich gut gegen den darüberliegenden Wohnbereich abgeschottet ist, muss auch die Dichtung der Tür vom Erdgeschoss in den Keller verbessert werden. Beispielsweise durch das Einkleben von Dichtungsgummis oder den Tausch der ganzen Tür gegen ein besseres Modell.

Wann braucht es eine Baubewilligung?

Ob Sie für die energetische Sanierung Ihrer Liegenschaft eine Baubewilligung brauchen, hängt von der Art der Arbeiten und vom Standort des Hauses ab. Denn jeder Kanton und jede Gemeinde hat eigene Baugesetze. Grundsätzlich können Sie aber von folgender Faustregel ausgehen:

— Führen die Baumassnahmen zu keiner optischen Veränderung des Hauses und sind auch keine Nutzungsänderungen damit verbunden, braucht es in der Regel keine Baubewilligung. Beispiel: Isolieren Sie den bereits als Wohnraum genutzten Dachstock von der Innenseite her oder so, dass das Dach dabei nicht höher wird, können Sie die Arbeiten ohne Bewilligung ausführen. Gleiches gilt auch für den Ersatz von Fenstern oder die Isolation der Kellerdecke.

— Haben die Eingriffe Auswirkungen auf die Optik des Hauses oder verändert sich die Nutzung von Räumen, ist in den meisten Fällen eine Bewilligung nötig. Beispiel: Wenn Sie die Wände aussen isolieren, brauchen Sie eine Bewilligung, weil sich die Grösse und unter Umständen auch die Optik des Hauses verändert. Gleiches gilt, wenn Sie im Rahmen der Isolationsarbeiten den Estrich zu einem Schlafzimmer ausbauen.

— Für Anpassungen an der Heizungsanlage oder gar den Tausch gegen ein anderes System benötigen Sie fast immer eine Bewilligung der zuständigen Amtsstellen. Je nach Art der Heizung bzw. der Anpassung muss die Einwilligung des kantonalen Umweltamts oder der lokalen Feuerungskontrolle eingeholt werden. Beispiel: Bohrungen für die Nutzung der Erdwärme mit einer Wärmepumpe benötigen eine Bewilligung des kantonalen Umweltamts; neue Öl- oder Gasbrenner samt den dazugehörenden Kaminen müssen von der Feuerungskontrolle bewilligt werden. Und auch Sonnenkollektoren müssen Sie zum Teil von der Baubehörde absegnen lassen (siehe Seite 130).

Fragen Sie rechtzeitig beim Bauamt Ihrer Gemeinde nach, ob Sie für Ihr Sanierungsvorhaben Bewilligungen benötigen. Denn das Bewilligungsverfahren dauert oft einige Monate und kann die Arbeiten verzögern. Bei heiklen Arbeiten können Sie auch bereits vor der detaillierten Planung einen verbindlichen Vorentscheid der Baubehörde verlangen. Dieser gibt Ihnen die Sicherheit, dass das Vorhaben später bewilligt werden kann.

Nasrin B. möchte das Dach des Reihenhauses, das sie zusammen mit ihrem Lebenspartner bewohnt, isolieren lassen und einen Sonnenkollektor einbauen. Da der Raum im kleinen Haus knapp ist, möchten die beiden im Dachgeschoss gleich auch noch ein Schlafzimmer einrichten. Sie planen die Arbeiten selber zusammen mit ein paar Handwerkern. Kurz vor dem Start der Erneuerungsarbeiten besprechen sie mit dem direkt betroffenen Nachbarn ihre Pläne und erfahren von diesem, dass sie eigentlich eine Baubewilligung bräuchten. Sie beschliessen, diese einzuholen, was den Start der Arbeiten um gut zwei Monate verzögert.

Nachbarn einbeziehen Eine veränderte Dachform, eine neue Fassadenverkleidung oder gar eine Aufstockung gefallen unter Umständen nicht allen Nachbarn. Brauchen Sie für eine Baumassnahme eine Bewilligung, haben die Nachbarn das Recht Einsprache dagegen zu erheben. Auch wenn Sie die Baubewilligung später trotzdem erhalten, können dadurch Verzögerungen entstehen.

Erfahren die Nachbarn bereits im Voraus von Ihrem Vorhaben, sind sie meist kulanter. Deshalb lohnt es sich, das Gespräch zu suchen und den Nachbarn zu zeigen, welche Arbeiten geplant sind und wie sich dadurch die Optik des Hauses verändern wird. Grundsätzlich gilt: Die Vorteile eines Umbaus wiegen die Nachteile eines Streites mit den Nachbarn nicht auf.

Sind die Nachbarn frühzeitig informiert, verhindert das nicht nur Einsprachen, sondern erhöht auch die Toleranz gegenüber den Emissionen, die die Bauarbeiten mit sich bringen. So bleibt das Nachbarschaftsklima auch nach dem Ende der Bauarbeiten gut. Unterschreiben die Nachbarn Ihre Baupläne mit, beschleunigt dies das Bewilligungsverfahren. Weitere hilfreiche Informationen zum Thema Nachbarschaft finden Sie im Beobachter-Ratgeber «Im Clinch mit den Nachbarn. Das Handbuch für Eigentümer und Mieter» (www.beobachter.ch/buchshop).

Probleme bei der Sanierung der Gebäudehülle

Auf den ersten Blick scheint die Sanierung der Gebäudehülle eine einfache Sache zu sein. Doch im Detail verstecken sich verschiedene Probleme, die gelöst werden müssen. In der Regel erkennt die von Ihnen beauftragte Architektin solche Stolpersteine früh genug und findet passende Lösungen.

Trotzdem schadet es nicht, wenn Sie selber auch wissen, welche Hindernisse im Planungsprozess oder bei der Ausführung auf Sie zukommen könnten – vor allem dann, wenn Sie einen Teil der Arbeiten in Eigenregie ausführen möchten (siehe Seite 101). Hier die am häufigsten auftauchenden Probleme:

Fassadendämmung bei Reihen- und Doppelhäusern In der Regel sanieren nicht alle Besitzer von Reihenhäusern oder Doppelhaushälften ihre Fassaden zum gleichen Zeitpunkt. Das führt beim Anbringen einer Aussenwärmedämmung unter Umständen zu Problemen, da die isolierte Fassade bis zu zwanzig Zentimeter dicker wird als diejenige der Nachbarhäuser.

Lösungsansatz: Bei Doppelhäusern lohnt es sich, früh genug das Gespräch mit dem Nachbarn zu suchen. Unter Umständen ist dieser bereit, im gleichen Zug auch seine Haushälfte isolieren zu lassen. Das löst nicht nur das optische Problem, sondern senkt auch die Kosten – für beide Parteien.

Bei Reihenhäusern hingegen wird es schwierig sein, alle Besitzerinnen und Besitzer zu einer gemeinsamen Sanierungsaktion zu bewegen. Mit etwas Glück lässt sich eine Aussenisolation durch die anschliessenden Fallrohre für das Regenwasser kaschieren, oder eine geschickte Farbgestaltung der Fassade lenkt von den vorstehenden Bauteilen ab. Sind solche Lösungen nicht möglich, bleibt nur eine Isolation auf der Innenseite. Einzig beim Endhaus einer Reihe kann zumindest die Abschlusswand auf der Aussenseite isoliert werden.

Denkmalpflegerische Auflagen Der Wunsch, die Gebäudehülle energetisch zu sanieren, kann bei geschützten Liegenschaften zu Konflikten mit den Auflagen der Denkmalpflege führen. Je nach Art des Schutzes dürfen beispielsweise alte Fenster nicht einfach durch neue ersetzt werden. Auch kann eine Wärmedämmung das Bild der geschützten Fassade zerstören.

Lösungsansatz: Im Gespräch mit der zuständigen Denkmalpflegebehörde findet sich in vielen Fällen ein für beide Seiten gangbarer Weg. Das zeigen zahlreiche Beispiele aus jüngerer Zeit. Geschützte Fenster können beispielsweise durch eine zweite, moderne Fensterschicht auf der Innenseite ergänzt werden, und eine Isolation auf der Innenseite sorgt für den Erhalt des Fassadenbilds und für eine Verbesserung des Energieverbrauchs.

> Falls Ihr Haus ganz oder teilweise unter Schutz steht oder es Schutzauflagen für Ihr Quartier gibt, suchen Sie unbedingt möglichst früh das Gespräch mit der Denkmalpflege. Hilfreich ist es in diesem Fall auch, mit der Planung eine Architektin zu beauftragen, die bereits Erfahrung mit geschützten Gebäuden hat. Die Denkmalpflege und das Bauamt kennen in der Regel geeignete Fachleute.

Zu knappe Grenzabstände für die Fassadendämmung Das Anbringen der bis zu zwanzig Zentimeter dicken Aussenisolationsschicht beansprucht Platz. Knapp wird es vor allem dann, wenn ein Gebäudeteil direkt auf der Grundstücksgrenze oder auf der Baulinie steht.

Lösungsansatz: Grenzt die betroffene Fassade an ein Trottoir oder eine öffentliche Strasse, können Sie bei der Gemeinde eine Konzession zur Nutzung beantragen. Die Kosten dafür hängen von der beanspruchten Fläche und der Höhe der Fassade ab. Grenzt die Fassade an ein privates Grundstück, brauchen Sie zuerst einmal die Einwilligung des Nachbarn. Ist dieser damit einverstanden, dass die Isolation in sein Grundstück hineinragt, müssen Sie ein sogenanntes Überbaurecht im Grundbuch eintragen lassen. In der Regel erhält der Nachbar für die Einräumung des Rechtes eine einmalige Entschädigung.

Steht der betroffene Gebäudeteil direkt auf der Baulinie, wird es einfacher. Die meisten Baugesetze sehen vor, dass beim nachträglichen Anbringen einer Isolation an einem älteren Gebäude die Baulinie überschritten werden darf. Teilweise ist aber die maximale Überschreitung festgelegt, beispielsweise um 10 oder 15 Zentimeter. Planen Sie eine dickere Isolation, müsste Ihnen der betroffene Nachbar ein Näherbaurecht einräumen, das im Grundbuch eingetragen wird. Im Notfall lässt sich das Problem auch mit besonders gut isolierenden Spezialdämmungen lösen (siehe Tabelle im Anhang). Dadurch wird die Isolationsschicht bis zu dreimal dünner; die Kosten allerdings sind einiges höher.

Stehen Bauteile, die Sie isolieren möchten, direkt auf der Grundstücksgrenze oder auf der Baulinie, sollten Sie bei der Baubehörde frühzeitig abklären, welche Möglichkeiten zur Realisierung Ihrer Pläne bestehen und was Sie dafür unternehmen müssen. Finden Sie mit dem Besitzer des Nachbargrundstücks oder der Gemeinde keine Lösung, die eine Aussenisolation Ihrer Fassade erlaubt, bleibt Ihnen als Alternative eine Innenisolation (siehe Seite 84).

Veränderung von Bauphysik und Raumluft Durch die Isolation der Gebäudehülle und den Einbau besserer Fenster verändert sich das bauphysikalische Verhalten Ihres Hauses. Vor allem die bessere Abdichtung des Gebäudes durch neue Fenster führt zu einer Verschlechterung des Luftwechsels, der für den Abtransport von Feuchtigkeit sehr wichtig ist. Denn pro Stunde und Person verdampfen in einem Raum schnell einmal 40 Gramm Wasser. Dafür verantwortlich sind Duschen, Kochen, Abwaschen, Schwitzen und die Verdunstung von Zimmerpflanzen. Wird dieser Wasserdampf nicht abgeführt, erhöht sich das Risiko von Schimmelbildung – vor allem, wenn Sie nicht gleichzeitig mit dem Fenstertausch auch die Gebäudehülle isolieren lassen. Dann kann es passieren, dass die Feuchte in kalten Ecken kondensiert, den Verputz durchfeuchtet und Schimmelpilz entsteht.

Ein weiteres Problem ist die Qualität der Raumluft. Mit neuen, dichten Fenster und Türen erneuert sich die Luft nicht mehr von allein; entsprechend steigt der Anteil an CO_2, wenn nicht regelmässig gelüftet wird. Gleiches gilt für Schadstoffe, die beispielsweise aus Möbeln oder Lacken ausdünsten und die Gesundheit beeinträchtigen können.

Lösungsansatz: Nach dem Einbau neuer, dichter Fenster ist regelmässiges Lüften unabdingbar, um Wasserdampf und Schadstoffe aus den Räumen zu bekommen: Öffnen Sie alle Fenster im Haus dreimal täglich für fünf bis zehn Minuten (Querlüften). Dauernd gekippte Fenster tragen wenig zur Lüftung bei und führen zur Auskühlung der Räume.

Zur Kontrolle der Feuchte vor allem im Bereich der Badezimmer können Sie Platten aus Calciumsilikat an Decken oder Wänden montieren oder diese dick mit Lehm verputzen. Beide Materialien speichern sehr viel Feuchtigkeit und geben sie langsam wieder an die Raumluft ab. Das hilft vor allem bei Spitzenbelastungen – etwa wenn am Morgen alle Familienmitglieder duschen –, ersetzt aber das regelmässige Lüften nicht.

Eine weitere Möglichkeit ist der Einbau von Fenstern mit integrierter Lüftung, beispielsweise einer Spalt- oder Rahmenlüftung. Sie sorgt dafür, dass eine geringe Menge Luft von aussen in die Zimmer gelangt. Dadurch erhöht sich aber auch der Energieverbrauch wieder ein Stück weit.

Die optimale Lösung ist eine Komfortlüftung im ganzen Haus. Diese behebt nicht nur die Feuchtigkeitsprobleme, sondern trägt auch sonst zum besseren Wohnkomfort bei (mehr dazu auf Seite 146).

Gesunde Materialien für Bewohner und Umwelt

Bei der energetischen Erneuerung eines Hauses werden zahlreiche Materialien und Substanzen eingesetzt, beispielsweise Klebstoffe, Mörtel, Isolationsmaterialien oder Verputze. Nicht alle diese Materialien sind für die Umwelt oder – bei einem Einsatz im Hausinnern – für die Bewohner optimal. Als Bauherr oder Bauherrin können Sie die Materialwahl entscheidend beeinflussen. Einerseits, indem Sie eine Architektin und Handwerker beauftragen, die Wert auf ökologisch und baubiologisch verträgliche Materialien legen, zum andern, indem Sie die Verwendung solcher Materialien vorgeben.

Wenn im Rahmen der Sanierung Ihres Hauses viele Arbeiten im Innenbereich anfallen und Sie sicher sein wollen, dass die Raumluft später keine gesundheitsschädlichen Stoffe aufweist, können Sie Fachleute für ein gutes Innenraumklima beiziehen. Diese überprüfen, welche Materialien eingebaut werden, und weisen anschliessend mit Raumluftmessungen nach, dass die abgemachten Grenzwerte eingehalten werden. Nach Abschluss der Arbeiten erhält der Bau dann das Label «GI» für gutes Innenraumklima. Nähere Informationen erhalten Sie bei der Schweizerischen Zertifizierungsstelle für Bauprodukte SCert (www.s-cert.ch).

 Elena und Giuri F. planen eine umfassende Renovation ihres 50 Jahre alten Einfamilienhauses. Unter anderem möchten sie das Dach isolieren und an der Fassade eine Aussenwärmedämmung anbringen. Schon bei der sanften Erneuerung der inneren Oberflächen vor zehn Jahren haben sie auf die Wahl bauökologischer Materialien geachtet. Deshalb ist für sie klar, dass sie für die umfassende Sanierung wieder denselben Architekten beiziehen werden, da dieser eine Zusatzausbildung und viel Wissen im Bereich Baubiologie mitbringt. Der Architekt schlägt

vor, die Fassade aussen mit Korkplatten und einem mineralischen
Verputz zu verkleiden und das Dach mit Zelluloseflocken zu
dämmen.

 Weitere Hinweise zu Umweltgiften in Altbauten finden
Sie im Beobachter-Ratgeber «Umbauen, Renovieren,
Erweitern. Machen Sie das Beste aus Ihrem Eigenheim»
(www.beobachter.ch/buchshop).

Ökologische Materialwahl

Drei Eigenschaften zeichnen ökologische Baumaterialien aus: ein
geringer Anteil an grauer Energie, eine gute Wiederverwertbarkeit
und ein möglichst geringer Anteil an Substanzen, die Umwelt oder
Bewohner schädigen könnten.

— **Graue Energie**
Die aufwendige Herstellung und Bearbeitung von Materialien
benötigen viel Energie. Entsprechend schlecht fällt die
Energiebilanz aus. Wenn Ihnen dies ein Anliegen ist, wählen
Sie beispielsweise ein Isolationsmaterial aus rezyklierten
Bestandteilen oder ein Naturmaterial (siehe Seite 98).

— **Wiederverwertung**
Stark bearbeitete Materialien oder solche, die miteinander
verklebt sind, lassen sich bei einem Abbruch nur schwer
wiederverwerten oder entsorgen. Besser sind möglichst natur-
belassene Materialien und einfach trennbare Verbindungen,
zum Beispiel Schraubverbindungen.

— **Giftige Stoffe**
Rund 10 000 verschiedene chemische Substanzen werden
heute auf den Baustellen eingesetzt. Selbst Fachleute haben
Schwierigkeiten, den Überblick zu behalten. Ein Teil der
Stoffe kann negative Auswirkungen auf die Gesundheit der
Bewohner haben – dieses gilt es zu vermeiden (siehe Tabelle

Labels für ökologische Baustoffe

— **Natureplus:** Baumaterialien, die in Bezug auf graue Energie, Wiederverwertbarkeit, Verwendung nachwachsender Rohstoffe und darin enthaltene Giftstoffe hohe Anforderungen erfüllen

— **FSC:** Tropenhölzer und einheimische Hölzer, die aus nachhaltig bewirtschafteten Wäldern stammen (www.fsc-schweiz.ch)

— **Coop Oecoplan:** Label des Grossverteilers Coop für besonders umweltverträgliche Baustoffe (www.coop.ch)

— **Blauer Engel und EU-Ecolabel:** Deutsches bzw. europäisches Label für Produkte, die im Vergleich zu Produkten derselben Kategorie bei gleicher Qualität eine tiefere Umweltbelastung aufweisen. Die beiden Labels sind oft auf importierten Produkten zu finden (www.blauer-engel.de). Die Aussagekraft des Labels ist aber beschränkt, da die Bewertung nur im Vergleich zu anderen Produkten derselben Kategorie erfolgt.

Detaillierte Infos zu diesen und weiteren Labels finden Sie auf der Internetseite www.labelinfo.ch.

im Anhang). Wenn Sie auf Nummer sicher gehen wollen, setzen Sie am besten auf baubiologische Materialien oder solche mit einem Zertifikat (siehe Kasten).

Im Internet existiert ein praktisches Tool zur ökologischen Beurteilung ganzer Konstruktionen: www.bauteilkatalog.ch. Dort können Sie für Standardkonstruktionen sowohl die graue Energie als auch die gesamte Umweltbelastung über die Lebensdauer des Bauteils berechnen. Ein Beispiel finden Sie auf Seite 87.

Minergie Eco – der Standard für ökologisches Bauen Planen Sie, Ihr Haus nach dem Minergie-Standard zu sanieren, und legen Sie zugleich Wert auf möglichst umwelt- und gesundheitsverträgliche Baumaterialien, können Sie auf den Standard Minergie Eco setzen. Dieser legt nicht nur den maximalen Energieverbrauch, sondern auch den Standard für die verwendeten Materialien fest. Eine unabhängige Kontrollstelle sorgt zudem für die Einhaltung der Kriterien und die Vergabe des Labels (mehr dazu auf Seite 144).

Ökologische Dämmstoffe Um den Energieverbrauch eines Gebäudes zu senken, wird vor allem die Isolation der Gebäudehülle verbessert. Schon für ein kleines Einfamilienhaus werden Dutzende Kubikmeter Isolationsmaterial verbaut. Die Auswahl an Dämmstoffen ist riesig. Neben bekannten Produkten wie Steinwolle, Glaswolle, EPS (Styropor) kommen auch diverse Natur- und Recyclingmaterialien sowie besonders teure, hochisolierende Materialien zum Einsatz (siehe Tabelle im Anhang).

Wegen der grossen Menge Isolationsmaterial, die benötigt wird, sollten Sie hier besonderes Gewicht auf eine ökologische Wahl legen. Welches Material als ökologisch gilt, hängt von verschiedensten Faktoren ab. Dazu zählen die verwendeten Rohstoffe, die graue

Ökostrom

Die meisten Stromlieferanten bieten heute mehrere Ökostromprodukte mit verschiedener Stromzusammensetzung an – dies oft nur zu einem minimen Aufpreis gegenüber Strom aus nicht erneuerbaren Quellen (Kernenergie, fossile Energieträger). Ein solches Produkt zu wählen, ist auf jeden Fall sinnvoll.

Wichtig zu wissen: Nicht jeder Ökostrom wird gleich umweltschonend produziert. Wer auf Nummer sicher gehen will, wählt ein Produkt mit dem Label «Naturemade-Star» oder zumindest «Naturemade-Basic». Diese Labels werden vom Verein für umweltgerechte Energie (VUE) vergeben und garantieren, dass die bezogene Energie ökologisch produziert wurde (Star) oder zumindest aus erneuerbaren Quellen stammt (Basic). Strom der diesen Standards entspricht, kostet jedoch auch mehr.

Energie für Herstellung und Transport sowie die Rezyklierbarkeit. Nachwachsende oder rezyklierte Isolationsmaterialien sind deshalb nicht immer ökologischer als solche, die aus Erdöl gewonnen werden.

Um das passende Material für Ihr Haus zu finden, lohnt es sich, Fachleute beizuziehen, die sich mit den Materialien und ihren Eigenschaften auskennen, beispielsweise einen versierten Bauphysiker, eine Energieplanerin oder einen Architekten mit entsprechender Weiterbildung. Wichtige Hinweise zur Ökologie liefern auch die Bewertungen auf der Internetseite www.bauteilkatalog.ch.

Baumaterialhersteller preisen ihre Produkte gerne als ökologisch oder umweltverträglich an. Doch längst nicht alle so angepriesenen Produkte genügen bauökologischen und baubiologischen Anforderungen. Deshalb sollten Sie entweder Materialien mit entsprechenden Labels verwenden (siehe Kasten auf Seite 97) oder mit Fachleuten zusammenarbeiten, die über das nötige Wissen verfügen.

Fachleute für ökologisches Bauen

Wenn Ihnen die ökologische Sanierung Ihres Hauses ein Anliegen ist, lohnt es sich, von Beginn weg mit den richtigen Fachleuten zusammenzuarbeiten. Beste Gewähr bietet der Beizug einer Architektin mit baubiologischer und bauökologischer Zusatzausbildung. Eine gute Alternative sind Architekten, die bereits viel Erfahrung mit ökologischen Bauweisen mitbringen oder den Bau von Fachleuten für gutes Innenraumklima begleiten lassen (siehe Seite 95).

Finden können Sie solche Fachleute beispielsweise über die Schweizerische Interessengemeinschaft für Baubiologie und Bauökologie (SIB, www.baubio.ch). Hilfreich ist auch ein Blick in den Eco-Ratgeber. Dieses Branchenbuch listet entsprechend sensibilisierte Planer und Baufachleute auf (erhältlich für 19 Franken unter www.gibbeco.org).

Planen und organisieren Sie die Bauarbeiten in eigener Regie, ist es wichtig, dass Sie Handwerker auswählen, die regelmässig mit baubiologischen und bauökologischen Materialien arbeiten. Handwerker, die den Umgang mit solchen Materialien nicht gewohnt sind, lehnen die Verwendung gerne ab oder verarbeiten die Materialien unter Umständen nicht richtig.

💡 Wie bei der Auswahl der anderen Planer und Fachleute sollten Sie auch von den Spezialisten für Ökologie und Baubiologie Referenzen verlangen und diese überprüfen.

Selber bauen oder Handwerker beauftragen?

🎬 **Meinrad G. und Stephan J. besitzen zusammen** ein kleines Reihenhaus aus den Dreissigerjahren des letzten Jahrhunderts. Um die Energiekosten zu senken, beschliessen sie, das Dach zwischen den Sparren zu isolieren. Sie haben beide keine grosse Erfahrung mit solchen Arbeiten, doch die im Prospekt des Heimwerkermarkts beschriebe Ausführung dünkt sie einfach. Das Material ist bald gekauft, doch als die beiden sich an die Arbeit machen, merken sie schnell, dass sie überfordert sind. Sie lassen die Arbeit zuerst einmal frustriert liegen. Zum Glück finden sie einen Handwerker, der bereit ist, die Arbeiten mit dem bereits vorhandenen Material professionell fertigzustellen.

Auf den ersten Blick scheint ein Teil der Arbeiten im Rahmen einer energetischen Sanierung einfach zu sein – etwa das Isolieren oder Abdichten von Gebäudeteilen. Doch den Aufwand und auch die möglicherweise auftauchenden Schwierigkeiten sollten Sie nicht unterschätzen und sich deshalb gut überlegen, was Sie besser in die Hände von Handwerkern geben und was Sie selber ausführen können.

Vor- und Nachteile von Arbeiten in Eigenregie

Arbeiten in Eigenregie	Auftrag an Handwerker
+ Tiefere Kosten durch Einsparen von Stundenlöhnen	− Höhere Kosten
− Verlust an Freizeit und Ferien	+ Keine Auseinandersetzung mit dem Bau nötig
− Weniger Präzision wegen fehlender Erfahrung	+ Höhere Präzision
− Risiko von Bauschäden	+ Geringeres Risiko von Bauschäden
− Längere Bauzeit	+ Kürzere Bauzeit
− Keine Garantie auf der geleisteten Arbeit	+ Garantien gemäss Werkvertrag
− Risiko von Verzögerungen im Bauablauf	+ Geringeres Verzögerungsrisiko

Erfahrung hilft

Ob und in welchem Umfang es sinnvoll ist, einen Teil der energetischen Sanierung selber auszuführen, hängt stark von Ihrer Bauerfahrung ab. Haben Sie früher schon Renovationsarbeiten selber ausgeführt und besitzen Sie ein Flair für bautechnische Details sowie die nötige Ausdauer, Präzision und genügend Zeit, können Sie sich einen Teil der Arbeiten gut selber zumuten. Ist dies nicht der Fall, sollten Sie besser die Finger davon lassen oder nur bei einfacheren Arbeiten helfend anpacken.

Achtung: Broschüren und Werbefilme in Heimwerkermärkten zeigen gerne, wie einfach Arbeiten am Haus, beispielsweise das Isolieren von Dach oder Wänden, selber ausgeführt werden können. In der Realität schaut dieselbe Arbeit aber dann nicht immer so einfach aus.

Hier können Sie selber Hand anlegen Vor allem bei energetischen Verbesserungen an der Gebäudehülle, aber auch bei Vorarbeiten können Sie als geübter Heimwerker selber Hand anlegen. Hier einige typische Beispiele:

- **Isolation der Kellerdecke**
  Es gibt dazu marktübliche Systeme mit Isolationsplatten, die an der Decke mit speziellen Dübeln verankert werden.

- **Isolation des Estrichbodens**
  Auch hier sind die Arbeiten relativ einfach. Mit einer guten Anleitung oder Einweisung durch einen Fachmann können Sie die Isolationsplatten selber verlegen und darüber wieder eine Nutzschicht (beispielsweise aus Spanplatten) anbringen.

- **Vorarbeiten für die Isolation des Daches**
  Damit das Dach von innen isoliert werden kann, müssen oft alte Verkleidungen demontiert und eventuell die vorhandenen Sparren (Dachbalken) aufgedoppelt werden. Diese Arbeiten können Sie ebenfalls gut selber ausführen und danach das Feld den Isolationsspezialisten überlassen.

- **Finish der Oberflächen**
  Nach der Isolation müssen Wände und Decken wieder vergipst und frisch gestrichen werden. Mit etwas Übung können Sie hier selber Hand anlegen.

- **Reinigung und Entsorgung**
  Wo gebaut wird, fällt Abfall an. Wenn Sie regelmässig die Baustelle reinigen und Abfälle entsorgen, erleichtern Sie den Profis nicht nur die Arbeit, sondern sparen auch teure Arbeitsstunden ein.

Das sollten Sie beachten Damit Ihre Arbeiten auf der eigenen Baustelle zu einem Erfolg werden, sollten Sie einige Punkte im Auge behalten:

- Unterschätzen Sie den Aufwand nicht. Mit Vorteil nehmen Sie für die Mitarbeit auf dem Bau Ferien.

- Trauen Sie sich nicht zu viel zu. Führen Sie nur Arbeiten aus, die Sie gut beherrschen, und lassen Sie sich von einem Baufachmann beraten.

— Bedenken Sie, dass die rechtzeitige Fertigstellung Ihres Teils der Arbeiten wichtig ist für den Arbeitsfluss auf der Baustelle. Wenn Sie ins Hintertreffen geraten, riskieren Sie Bauverzögerungen.

— Klären Sie ab, ob Ihre Versicherung auch Unfälle auf Baustellen abdeckt.

— Rüsten Sie sich mit der nötigen Schutzkleidung aus und seien Sie sich der Gefahren auf Baustellen bewusst, etwa bei Arbeiten auf dem Gerüst oder dem Dach.

Führen Sie ohne die nötige Erfahrung keine Arbeiten aus, die später zu Bauschäden führen könnten. Dazu gehört beispielsweise das Anbringen einer Dampfsperre, etwa beim Dach (siehe Seite 77). Passiert dabei ein Fehler, kann es nach kurzer Zeit zu Schimmelbildung in der Isolationsschicht kommen.

Viele modern eingestellte Handwerksunternehmen sind gerne bereit, Baumaterial zu liefern und Ihnen die nötigen Instruktionen zu geben sowie die Arbeit zu kontrollieren. Das erleichtert die Arbeiten in Eigenregie und gibt Ihnen die Sicherheit, keine Fehler zu machen. Es lohnt sich also, wenn Sie sich bei infrage kommenden Handwerksfirmen erkundigen, ob sie einer solchen Zusammenarbeit positiv gegenüberstehen.

Die passenden Handwerker für die energetische Sanierung

Neben den spezialisierten Planern (siehe Seite 63) benötigen Sie für die energetische Sanierung Ihres Hauses die passenden Handwerker. Ist eine Architektin mit der Planung beauftragt, wird sie auch gleich Offerten einholen und die nötigen Fachleute organisieren. Planen und koordinieren Sie die Arbeiten selber, werden Sie eine ganze Zahl an Handwerkern benötigen:

- **Zimmerleute** für die Isolation von Dach und Estrich oder für die Inneisolation von Wänden
- **Dachdecker** für Veränderungen am Dach, das Aufbringen einer neuen Dachhaut oder den Einbau eines Unterdachs
- **Gipser** oder **Fassadenbauer** für die Aussenisolation der Fassade
- **Schreiner** oder **Fensterbauer** für den Austausch der Fenster
- **Heizungs- und Sanitärinstallateure** für den Umbau oder den Ersatz der Heizung sowie die Installation von Sonnenkollektoren
- **Maler** und **Gipser** für die Wiederherstellung der Oberflächen im Innen- und Aussenbereich
- **Elektriker** für die Anpassung der Elektroanschlüsse beim Einbau einer neuen Heizung oder für das Anbringen von Steckdosen bei einer Inneisolation

Offerten kontrollieren und vergleichen Leiten Sie die Arbeiten selber, sind Sie auch für das Einholen und Vergleichen der Offerten zuständig. Dank Computerprogrammen sehen heute alle Offerten auf den ersten Blick perfekt aus. Nimmt man sie genauer unter die Lupe, fällt schnell auf, dass Positionen fehlen oder unklar ist, in welcher Qualität die Arbeiten ausgeführt werden. Und nicht selten entdeckt man beim Vergleich unrealistische Preise. Kontrollieren Sie jede Offerte genau; es empfiehlt sich folgendes Vorgehen:

- Gehen Sie die Offerte Punkt für Punkt durch und prüfen Sie, ob alle von Ihnen gewünschten Arbeiten aufgeführt sind.

- Markieren Sie unklare Positionen und notieren Sie Fragen. Besprechen Sie diese mit dem Handwerker.

- Sind zu viele Punkte unklar, sollten Sie eine zweite, detaillierte Offerte einholen.

Wenn Sie den Auftrag nicht sowieso an einen Handwerker vergeben wollen, mit dem Sie schon länger gut zusammenarbeiten, sollten Sie unbedingt mehrere Offerten für die gleiche Arbeit einholen und mit-

Diese Fragen sollten Sie stellen

Handwerker
— Verfügt das Unternehmen über entsprechende Referenzen für die auszuführenden Arbeiten?
— Ist das Echo der Kunden, die in den Referenzen genannt werden, gut?
— Werden Sie als Kundin ernst genommen und werden Ihre Fragen kompetent beantwortet?
— Verfügt die Firma über genügend Mitarbeiter, um die Arbeiten ausführen zu können, oder muss sie kurzfristig Personal dazumieten, was zu Qualitätsproblemen führen kann?
— Stimmt Ihr Bauchgefühl?

Offerte
— Kommt die Offerte sauber, übersichtlich und nachvollziehbar daher?
— Stimmen die Positionen mit denen in anderen Offerten überein?
— Gibt es auffällige Abweichungen bei Positionen oder Preisen?
— Wie lange hat die Offerte Gültigkeit?
— Sind die Stundenansätze für eventuell zusätzlich anfallende Arbeiten aufgeführt?
— Sind Rabatte und die Mehrwertsteuer im Gesamtpreis enthalten?

Werkvertrag
— Ist die Gültigkeit der SIA-Norm 118 im Werkvertrag aufgeführt oder zumindest nicht wegbedungen?
— Sind alle Arbeiten gemäss Offerte aufgeführt und stimmen die Kosten überein?
— Sind alle abgemachten Rabatte und die Mehrwertsteuer sowie die Zahlungsmodalitäten aufgeführt?
— Ist ein Terminplan enthalten (vor allem bei grösseren Aufträgen wichtig)?
— Sind die Stundenansätze für eventuell zusätzlich anfallende Arbeiten aufgeführt?
— Besteht das Recht, zehn Prozent des Werklohns zurückzubehalten, bis allfällige Mängel behoben sind?

einander vergleichen. So sehen Sie schnell, ob alle nötigen Leistungen offeriert werden und ob die Preise stimmen.

Falls Sie keine passenden Handwerker kennen, hilft Ihnen das Internet weiter. Auf www.renovero.ch können Sie die gewünschten Arbeiten platzieren, erhalten innert kurzer Zeit Offerten von verschiedenen Unternehmen und können sie direkt im Internet miteinander vergleichen. Zudem können Sie nachlesen, welche Erfahrungen andere Auftraggeber mit den Firmen gemacht haben, und Sie können später selber eine Bewertung abgeben – so wie Sie es von Auktionsplattformen im Internet kennen. Der Service ist für Sie als Auftraggeber kostenlos.

Der Werkvertrag mit den Handwerkern Geben Sie einem Handwerker den Auftrag, Arbeiten für Sie auszuführen, gehen Sie mit ihm einen sogenannten Werkvertrag ein – unabhängig davon, ob der Vertrag schriftlich oder mündlich geschlossen wird. Vertragsparteien beim Werkvertrag sind immer Sie und der Handwerker, auch wenn eine Architektin mit der Leitung der Arbeiten beauftragt ist. Welche Rechte und Pflichten ein Werkvertrag beinhaltet, regelt das Obligationenrecht (Artikel 363 und folgende). Um die speziellen Bedürfnisse der Baubranche zu berücksichtigen, hat der Schweizer Ingenieur- und Architektenverein (SIA) zusätzlich zum Obligationenrecht die SIA-Norm 118 für Bauarbeiten eingeführt. Diese Norm räumt Ihnen als Besteller weitergehende Rechte ein, als dies das Obligationenrecht vorsieht – beispielsweise bei Baumängeln. Deshalb sollten Sie darauf achten, dass in Ihrem Werkvertrag die SIA-Norm 118 als Bestandteil vereinbart wird.

Weitere Informationen zum Umgang mit Handwerkern, zu Offerten, Werkvertrag und SIA-Norm 118 finden Sie in den Beobachter-Ratgebern «Der Weg zum Eigenheim. Kauf, Bau, Finanzierung und Unterhalt» und «Umbauen, Renovieren, Erweitern. Machen Sie das Beste aus Ihrem Eigenheim» (www.beobachter.ch/buchshop).

Der Ersatz der Heizung

Ist das Haus energetisch saniert und hat die bestehende Heizung ihre Lebensdauer erreicht, ist es Zeit für einen Austausch. Neben den Heizkosten spielt bei der Auswahl des neuen Systems auch die Ökologie eine wichtige Rolle.

Welche Heizung ist die richtige?

Nach fünfzehn Jahren ist der Ölbrenner im Eigenheim von Sabine und Heinz U. am Ende seiner Lebensdauer angekommen. Da die beiden wenig Zeit haben, sich mit dem Thema auseinanderzusetzen, und der Installateur ihnen ein interessantes Sonderangebot für einen neuen Ölbrenner vorlegt, erteilen sie ihm kurzerhand den Auftrag. Doch einige Zeit darauf sehen sie einen Heizkostenvergleich für verschiedene Systeme und müssen feststellen, dass ihr Entscheid, den Ölbrenner so schnell zu ersetzen, doch etwas kurzsichtig war.

Der Ersatz der bestehenden Heizungsanlage in Ihrem Haus ist komplexer, als es auf den ersten Blick scheint. Das neue Heizsystem soll nicht nur helfen, Ihre Heizkosten zu senken, sondern auch möglichst wenig Schadstoffe erzeugen, eine lange Lebensdauer haben und einfach in der Bedienung sein. Laien sind deshalb schnell überfordert und das Risiko ist gross, dass man einen Entscheid fällt, der sich erst nach vielen Jahren korrigieren lässt, wenn wieder eine Heizungssanierung ansteht. Lassen Sie sich beispielsweise nicht von den tiefen Installationskosten eines Systems blenden, denn über die gesamte Lebensdauer der Anlage kann dieses wegen der höheren Betriebskosten (Brennstoff, Wartung) durchaus teurer sein als ein System mit einer höheren Grundinvestition (siehe auch Seite 121). Deshalb empfiehlt sich folgendes Vorgehen:

— Informieren Sie sich zuerst über die auf dem Markt verfügbaren Systeme, die am Standort Ihres Hauses überhaupt eingesetzt werden können, und wägen Sie für sich ab, welche Art Heizung für Sie infrage kommen würde (siehe Seite 111 und 117).

— Beauftragen Sie einen neutralen Berater, beispielsweise einen Haustechnikplaner, mit Ihnen die passende Heizung zu evaluieren, Offerten einzuholen und die Ausführung der Arbeiten zu überwachen.

Lassen Sie nicht einfach einen Heizungsinstallateur Ihrer Wahl ein neues Heizsystem offerieren, sondern holen Sie sich unbedingt neutralen Rat. Viele Installateure sind nur auf gewisse Systeme spezialisiert und offerieren ungern eine andere Anlage, von der sie weniger verstehen oder bei der sie vom Lieferanten weniger gute Einkaufsbedingungen erhalten.

Heizsysteme für Einfamilienhäuser im Überblick

Jahrzehntelang dominierten Ölheizungen den Markt für Einfamilienhäuser. Einzige Konkurrenten waren Gas- und Elektrospeicherheizungen. In den letzten Jahren hat sich das Bild massiv gewandelt und eine Reihe weiterer Heizsysteme sind dazugekommen. Im Folgenden erhalten Sie einen Überblick über die wichtigsten Heizsysteme sowie ihre grundsätzliche Vor- und Nachteile.

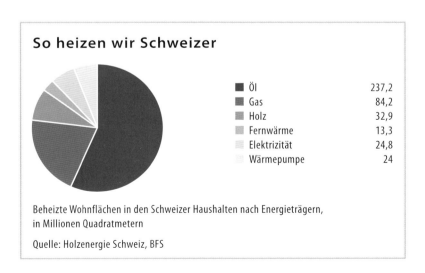

So heizen wir Schweizer

Öl	237,2
Gas	84,2
Holz	32,9
Fernwärme	13,3
Elektrizität	24,8
Wärmepumpe	24

Beheizte Wohnflächen in den Schweizer Haushalten nach Energieträgern, in Millionen Quadratmetern

Quelle: Holzenergie Schweiz, BFS

Gasheizung Während Gas zum Kochen immer seltener verwendet wird, haben Gasheizungen in den letzten Jahren immer mehr Marktanteile erobert. Der Einsatz einer Gasheizung ist aber nur möglich, wenn eine Gasleitung in der Nähe vorbeiführt. Ausserhalb des Erdgasnetzes können Flüssiggastanks eingesetzt werden. Ob in Ihrem Fall ein solcher Einsatz sinnvoll ist, sollten Sie allerdings von Fachleuten prüfen lassen. Neben den Kosten für den Tank können auch die Lieferpreise für das Flüssiggas entscheidend sein.

— **Wichtigste Vorteile:** Wenig Platzbedarf, kein Tank nötig (falls Leitung vorhanden), wenig Unterhalt, Montage auch im Estrich möglich

— **Wichtigste Nachteile:** Fossiler Brennstoff, Preis an Erdölpreis gekoppelt, CO_2-Abgabe, Kaminfeger (Kontrolle), nicht überall verfügbar

— **Weitere Informationen:** Erdgas Schweiz, www.erdgas.ch

Ölheizung Einst war die Ölheizung das wichtigste Heizsystem für Einfamilienhäuser. Trotz Verbesserung der Umweltverträglichkeit haben Ölbrenner in den letzten Jahren Marktanteile verloren. Gründe dafür sind unter anderem die stark schwankenden Ölpreise sowie der Platzbedarf und der Aufwand zur Lagerung des Erdöls.

— **Wichtigste Vorteile:** Relativ günstig in der Anschaffung, bewährte Technik

— **Wichtigste Nachteile:** Fossiler Brennstoff, teilweise stark schwankender Energiepreis, CO_2-Abgabe, Raumbedarf für Öltank, Unterhalt (Kaminfeger, Tankrevision)

— **Weitere Informationen:** Informationsstelle Heizöl, www.heizoel.ch

Holzheizung Klassische Holzheizungen bedeuteten viel Handarbeit für die Bereitstellung des Holzes und den Betrieb. Daher kommen heute in Einfamilienhäusern vor allem vollautomatisch arbeitende Holzpelletheizungen zum Einsatz. Sie werden mit kleinen

«Würstchen» aus gepresstem Sägemehl befeuert. Diese Pellets werden per Lastwagen angeliefert und über ein Schlauchsystem in den Speicherraum eingeblasen.

— **Wichtigste Vorteile:** CO_2-neutral, einheimischer und nachwachsender Rohstoff

— **Wichtigste Nachteile:** Höhere Investitionskosten, Raumbedarf für Pelletspeicher, Unterhalt (Kaminfeger), Feinstaubbelastung (mit Filtereinbau teilweise lösbar)

— **Weitere Informationen:** Holzenergie Schweiz, www.holzenergie.ch

Wärmepumpenheizung Wärmepumpen funktionieren analog zum Kompressor eines Kühlschranks. Durch Verdichtung verändert die Wärmepumpe die Temperatur des Ausgangsmediums und erzeugt so Wärme und Kälte. Während beim Kühlschrank die Kälte genutzt wird und die Wärme ungenutzt verpufft, ist es bei der Wärmepumpe genau umgekehrt. Typische Ausgangsmedien für Wärmepumpen sind Erdwärme, die mit langen Sonden im Erdreich gewonnen wird, oder Aussenluft. Anlagen mit Erdsonden arbeiten besonders effizient und werden deshalb bevorzugt eingesetzt.

— **Wichtigste Vorteile:** Kein Lagerraum nötig, hoher Wirkungsgrad, relativ günstige Energiepreise, teilweise einheimische Energie (je nach Strommix)

— **Wichtigste Nachteile:** Relativ hohe Grundinvestitionen, indirekte CO_2-Belastung (falls im Strommix fossil erzeugter Strom aus dem Ausland dabei ist), teilweise Strom aus Atomkraftwerken (je nach Strommix), Lärmentwicklung (bei Luftwärmepumpen, je nach Modell und Art der Installation)

— **Weitere Informationen:** Fördergemeinschaft Wärmepumpen, www.fws.ch

Fernwärmeheizung Vor allem im städtischen Umfeld werden viele Liegenschaften mit Fernwärme beheizt. Ein grosses Kraftwerk erzeugt dabei Wärme und liefert diese über isolierte Leitungen direkt ins Haus. Mithilfe einer Übergangsstation wird die Wärme dort zum Heizen oder zur Erzeugung von warmem Wasser genutzt. Je nach Fernwärmeanbieter kommen bei der Erzeugung der Wärme Abfall (Kehrichtverbrennung), aber auch Öl, Gas oder Holz zum Einsatz.

— **Wichtigste Vorteile:** Geringer Platzbedarf, effizienter als eine eigene Gas- oder Ölheizung, teilweise Verwendung von Abfall oder Holz als Energiequelle

— **Wichtigste Nachteile:** Teilweiser Einsatz fossiler Brennstoffe, oft hohe Anschlusspreise, nicht überall verfügbar

— **Weitere Informationen:** Fernwärme Schweiz, www.fernwaerme-schweiz.ch

Blockheizkraftwerk Blockheizkraftwerke – auch bekannt unter dem Namen Wärmekraftkopplung (WKK) – sind kleine Kombikraftwerke. Sie erzeugen mithilfe eines Verbrennungsmotors (Gas oder Öl) und eines Generators Strom. Die dabei entstehende Abwärme dient zum Heizen und für die Warmwasseraufbereitung; der Strom wird selber genutzt, ein allfälliger Überschuss ans öffentliche Netz abgegeben. Ursprünglich kam die WKK vor allem in grossen Gebäuden zum Einsatz. In Kürze dürfte eine ganz Zahl von Geräten auf den Markt kommen, die sich für den Einsatz in kleineren Liegenschaften eignen – darunter auch solche, die mit Holzpellets arbeiten. Für kleinere Objekte ist aber die Wirtschaftlichkeit zu prüfen. Diese hängt vor allem von den Tarifen ab, die das jeweilige Elektrizitätswerk für die Einspeisung des Stroms ins Netz zahlt.

— **Wichtigste Vorteile:** Hohe Energieeffizienz durch Nutzung der Abwärme, Vergütung des eingespiesenen Stromes

— **Wichtigste Nachteile:** Fossile Brennstoffe (Gas oder Öl), CO_2-Abgabe

— **Weitere Informationen:** WKK-Fachverband, www.waermekraftkopplung.ch

Solarheizung Sonnenkollektoren wandeln auf einfache Weise Sonnenwärme in Energie für Heizung oder Warmwasser um (siehe Seite 127). Lohnend ist der Einsatz von Sonnenkollektoren hierzulande vor allem für die Aufbereitung von heissem Wasser. Steht genügend Kollektorfläche zur Verfügung, ist es auch möglich, die Heizungsanlage mit Sonnenwärme zu unterstützen. Vollständig solar beheizt werden können hingegen nur speziell gebaute Häuser mit entsprechender Ausrichtung, sehr guter Isolation und einem grossen Tank für die saisonale Speicherung der Wärme.

— **Wichtigste Vorteile:** Einfache Technik, unabhängig von der Energiepreisentwicklung, keine Emissionen

— **Wichtigste Nachteile:** Bei Altbauten nur mit Zusatzheizung möglich, da die Leistung in sonnenarmen Zeiten nicht reicht

— **Weitere Informationen:** Schweizerischer Fachverband für Sonnenenergie, www.swissolar.ch

---

Boileraustausch

Unter Umständen ist Ihre Heizung noch relativ neu, der Boiler für die Warmwasseraufbereitung hingegen schon älter und muss ausgetauscht werden. Gemäss den neuen Energiegesetzen wäre es zwar erlaubt, den bestehenden Elektroboiler durch ein neues, gleichartiges Modell zu ersetzen. Es lohnt sich aber, in die Zukunft zu blicken und ein ökologischeres System zu wählen.

Eine gute Variante ist die Aufbereitung des Warmwassers mit der vorhandenen Heizungsanlage. Planen Sie später die Nachrüstung eines Sonnenkollektors, können Sie einen Boiler wählen, der bereits für die Kopplung mit dem Kollektor ausgelegt ist. Eine weitere Alternative ist ein sogenannter Wärmepumpenboiler. Dieser erzeugt das Warmwasser mithilfe einer Wärmepumpe, was wesentlich energieeffizienter ist als die direkte Erwärmung mit Strom.

Wenn immer möglich sollten Sie Heizung und Warmwasseraufbereitung in einem Zug erneuern. Die Montagekosten liegen so wesentlich tiefer, da bei einem separaten Austausch zweimal Anpassungsarbeiten am Leitungssystem nötig sind.

Elektrospeicherheizung Während vieler Jahre wurden sogenannte Elektrospeicherheizungen von den Elektrizitätswerken gefördert. Diese Heizungen erwärmen mit günstigem Nachtstrom Speicherelemente, die tagsüber Wärme an die Wohnräume abgeben. Ihr Einsatz ist, verglichen mit einer Wärmepumpe, sehr ineffizient. Deshalb fördern heute verschiedene Kantone und Gemeinden den Austausch solcher Heizungen.

Heizungstausch allein oder gemeinsam?

Möglicherweise steht in benachbarten Liegenschaften zum gleichen Zeitpunkt wie in Ihrem Haus der Austausch der Heizanlage an. Vor allem bei Reihenhäusern oder Doppeleinfamilienhäusern bietet es sich unter Umständen an, bei der neuen Heizung zusammenzuspannen. Denn in der Regel arbeiten grössere Heizanlagen effizienter als kleine und sind im Vergleich günstiger in der Anschaffung. Zudem haben Sie so die Möglichkeit, Systeme zu wählen, die für ein einzelnes Haus gar nicht infrage kommen würden, beispielsweise ein kleines Blockheizkraftwerk (siehe Seite 114).

Die gemeinsame Beschaffung einer Heizanlage kann aber auch zu Schwierigkeiten führen:

— Es muss Einigkeit über das zu wählende System bestehen.

— Die Häuser, die angeschlossen werden, sollten über eine ähnlich gute Wärmedämmung verfügen, um mit derselben Vorlauftemperatur arbeiten zu können. Dies ist vor allem beim Einsatz einer Wärmepumpe wichtig.

— Die Verteilung der Kosten für Anschaffung und Betrieb muss geregelt werden.

— Optimal ist die Installation der Heizung in einem Gebäude, das im Besitz aller Nutzer ist. Steht die Heizung im Keller eines der beteiligten Häuser, ist es wichtig, einen entsprechenden Eintrag im Grundbuch vornehmen zu lassen (Servitut).

— Die Zähler für die Ermittlung der Heizkosten verursachen zusätzliche Kosten.

— Die Zuständigkeit für den Unterhalt und der Verteilschlüssel für die Kosten müssen klar geregelt sein.

— In einem der beteiligten Häuser wird Platz für die Installation der Heizanlage benötigt. Unter Umständen müssen die anderen Beteiligten dafür eine Entschädigung bezahlen.

Eine gemeinsame Heizanlage für mehrere Häuser ist vor allem sinnvoll, wenn Sie ein Heizsystem wählen, das nicht auf Einfamilienhäuser zugeschnitten ist oder bei dem die Grundinvestitionen sehr hoch sind. Dazu zählen beispielsweise Blockheizkraftwerke oder auch Holzschnitzelheizungen. Bei reinen Öl- oder Gasheizungen hingegen hat das gemeinsame Vorgehen nur einen Sinn, wenn bereits eine gemeinsame Anlage besteht und bloss ein Austausch nötig ist.

 Planen Sie eine gemeinsame Heizanlage für zwei oder mehr Liegenschaften, sollten Sie auf alle Fälle einen versierten Fachmann beiziehen, der bereits Erfahrung mit solchen Gemeinschaftsanlagen hat (zum Beispiel Haustechnikplaner). Für grosse Objekte ist die Zusammenarbeit mit einem Contractor eine gute Alternative (siehe Seite 123). Dieser erstellt und betreibt die Anlage auf eigene Rechnung und verrechnet die Kosten dafür an alle Beteiligten. Damit lassen sich viele Probleme von vornherein vermeiden.

Welche Heizsysteme sind verfügbar?

Nicht jedes Heizsystem kann überall in der Schweiz eingesetzt werden. So sind beispielsweise Fernwärmenetze nur in einzelnen Stadtteilen oder Gemeinden verfügbar. Auch Erdgasleitungen sind längst nicht überall zu finden. Führt zumindest in der Nähe Ihres Hauses eine solche Leitung vorbei, können Sie die Erstellung eines Anschlusses prüfen. Die Kosten dafür sind aber im Auge zu behalten. Und selbst wenn eine Gasleitung vorhanden ist, kann es sein, dass Sie keine Gasheizung einrichten dürfen. Vor allem dort, wo Fernwärme verfügbar ist, schreiben die örtlichen Behörden oft vor, dass die Liegenschaften daran angeschlossen werden müssen. Ersetzen Sie allerdings nur die bestehende Heizanlage durch eine mit dem gleichen Brennstoff, wird meist eine Bewilligung erteilt.

Auch wenn Sie die Installation einer Wärmepumpe ins Auge fassen, gibt es Einschränkungen: In Zonen, wo Trinkwasser gefasst wird, sind beispielsweise Bohrungen für den Bezug von Erdwärme meist nicht erlaubt. Hier muss man auf eine Luftwärmepumpe ausweichen.

Einschränkungen bei der Wahl des Heizsystems können auch von der Denkmalpflege kommen. Das gilt vor allem für Solaranlagen. In geschützten Ortskernen kann etwa der Montageort für einen Kollektor vorgegeben oder dessen Grösse beschränkt werden.

Ulla und Hans S. sind gerade daran, im Rahmen der anstehenden Renovationsarbeiten die richtige Heizanlage für ihr Einfamilienhaus zu finden, das sie erst kürzlich energetisch saniert haben. Statt einer Ölheizung würden sie gerne eine Wärmepumpe mit Erdsonde einbauen. Wie sie von ihrem Heizungsplaner erfahren, ist eine Bohrung für eine Erdsonde in ihrem Quartier aber nicht möglich, da sich darunter eine Schutzzone für die Trinkwasserfassung befindet. Zusammen mit dem Spezialisten entscheiden sie sich schliesslich für eine Luftwärmepumpe, für die keine Bohrung nötig ist.

Einschränkungen durch die Liegenschaft Nicht nur äussere Gegebenheiten, sondern auch die Liegenschaft selbst können die Wahl des Heizsystems einschränken. So stellt beispielsweise bei Holzpelletheizungen die Grösse des Lagerraums manchmal ein Hindernis dar. Lässt sich kein bestehender Kellerraum dafür verwenden, müssen andere Lösungen gesucht werden, die das Projekt unter Umständen verteuern.

Heikel ist es auch, wenn eine moderne Öl- oder Gasheizung mit Kondensationstechnik (siehe Glossar) eingebaut werden soll und ein Cheminée oder Kaminofen vorhanden ist. Solche Öfen und eine moderne Gas- oder Ölheizung dürfen nämlich nicht am selben Kamin angeschlossen werden. In der Regel wird dann ein separater Kamin aussen am Haus für die Abgase der Heizung montiert und der bestehende Kaminzug dient weiterhin der Holzfeuerung. Durch die Wahl einer Heizung ohne Kamin (Wärmepumpe) oder einer modernen Holzpelletheizung lässt sich dieses Problem umgehen.

Einschränkungen durch die bestehende Liegenschaft gibt es schliesslich vor allem bei den heute besonders gefragten Wärmepumpen: Ist das Haus schlecht oder gar nicht isoliert, wird in der Regel eine hohe Vorlauftemperatur für die Heizung benötigt. Die meisten Wärmepumpen arbeiten aber nur in tieferen Temperaturbereichen effizient, wie sie in gut gedämmten Häusern üblich sind. Kann das Gebäude nicht vor dem Heizungstausch gedämmt werden, ist deshalb ein Heizsystem zu wählen, das auf hohe Vorlauftemperaturen zugeschnitten ist.

Ökologische Aspekte

Neben tiefen Heizkosten stehen heute bei der Wahl des passenden Heizsystems ökologische Überlegungen im Vordergrund. Ginge es nach der Werbung der einzelnen Energielobbys, wäre jedes System das perfekte für die Umwelt. Doch von den Hochglanzprospekten der jeweiligen Organisationen sollten Sie sich nicht blenden lassen und auf neutrale Beurteilungen setzen. Ein Hilfsmittel dazu ist das Berechnungsinstrument des WWF (www.wwf.ch/heizen). Nach Eingabe der wichtigsten Eckwerte der eigenen Liegenschaft zeigt es Ihnen für die gängigsten Heizsysteme die zu erwartende Umweltbilanz (siehe Beispiel auf der nächsten Seite). Öl- oder Gasheizungen schneiden aus Umweltsicht im Vergleich mit anderen Systemen in der Regel schlechter ab, wobei sich die Bilanz durch die Kombination mit einem Sonnenkollektor verbessern lässt.

Ökologie von Heizsystemen im Vergleich

	Öl	Gas	Wärmepumpe mit Erdsonde
Umweltbelastung (Punkte nach EcoIndicator 99)*	2.307	1.956	1.255

Ausgangslage: Einfamilienhaus mit 150 m² beheizter Wohnfläche und einem Verbrauch von 1400 Litern Öl pro Jahr für Heizung und Warmwasser. Komplette Neuinstallation des gesamten Systems inklusive Kamin, Tank, Erdsondenbohrung etc.

Quelle: WWF Schweiz

Doch selbst auf den ersten Blick sehr ökologische Lösungen – wie etwa der Einsatz von Strom oder Holz zu Heizzwecken – haben ihre Tücken: Holz beispielsweise ist zwar CO_2-neutral, doch zum einen kann ein Antransport über weite Strecken die Ökobilanz verschlechtern, zum andern sind Holzheizungen mitverantwortlich für die Feinstaubbelastung der Luft in den Wintermonaten. Um dieses Problem zu umgehen, ist zusätzlich der Einbau eines Elektrofilters zu empfehlen. Bei einer Wärmepumpe wiederum hängt die Ökobilanz stark von der Art des Stromes ab. Vor allem im Winter stammt der übliche Schweizer Strommix zum Teil aus ausländischen Kohle- oder Gaskraftwerken, die CO_2 erzeugen. Durch den Kauf von (teurerem) Ökostrom lässt sich dieses Problem umgehen.

Wie ökologisch sind Schwedenöfen und Cheminées? Verglaste Cheminées und Schwedenöfen haben in den letzten Jahren stark an Beliebtheit zugelegt. Vielerorts werden sie nicht nur zur Erzeugung einer romantischen Stimmung verwendet, sondern dienen auch als Heizung für die Übergangszeit. Doch längst nicht alle Modelle sind dafür geeignet. Viele werden schnell heiss und ebenso schnell wieder kalt. Wenn Sie einen Ofen als Heizungsergänzung benutzen wollen, empfiehlt sich deshalb ein Modell mit guter Speicherfähigkeit. Also beispielsweise ein Ofen mit dicker Speckstein-verkleidung oder ein Kachelofen, der allerdings kein sichtbares Feuer zu bieten hat. Gut geeignet sind auch geschlossene Cheminées, die einen separaten Speicher erwärmen.

Wärmepumpe Luft	Pelletofen	Ölkessel mit Sonnenkollektor	Gaskessel mit Sonnenkollektor	Pelletofen mit Sonnenkollektor
1.598	1.241	2.064	1.733	1.130

Unter www.wwf.ch/heizen kann das zugehörige Excel-File heruntergeladen und an die Gegebenheiten des eigenen Hauses angepasst werden.

* Je geringer die Punktezahl nach EcoIndikator 99, desto weniger belastet das Heizsystem die Umwelt.

Achten Sie beim Kauf zudem darauf, dass der Ofen das Qualitätssiegel von Holzenergie Schweiz trägt. Dieses zeigt, dass das Modell den Vorgaben bezüglich Effizienz, Umwelt und Sicherheit genügt. Und schliesslich ist es wichtig, den Ofen richtig zu befeuern, um die Umwelt nicht unnötig mit Schadstoffen oder Feinstaub zu belasten:

— Verwenden Sie ausschliesslich trockenes Holz. Erlaubt ist nur Holz aus dem Wald und aus Sägereiabfällen.

— Verbrennen Sie keinerlei Abfälle (ausser Papier zum Anfeuern), also keine Milchpackungen, beschichtete Kartonschachteln und Ähnliches.

— Schichten Sie unten im Ofen die grossen Holzscheite auf und darüber das kleine Anfeuerholz. So brennt das Holz langsam von oben nach unten ab und erzeugt massiv weniger Rauch als beim üblichen Anfeuern von unten her.

Finanzielle Aspekte

Rico und Sarah G. haben kürzlich die Heizanlage ihres Einfamilienhauses komplett erneuert. Statt der bisherigen Gasheizung haben sie sich eine Wärmepumpe mit Erdsonde einbauen lassen. Als die Nachbarn erfahren, wie hoch die Investitionen dafür im Vergleich zu einem Gasbrenner waren, schlucken sie zuerst leer. Doch als die G.s ihnen vorrechnen, wie preiswert über alles gerechnet sie ihr Haus nun heizen können, wird den Nachbarn klar, dass der Anschaffungspreis schnell einmal über die wirklichen Kosten hinwegtäuschen kann.

Wer die Kosten für eine Autofahrt mit denen für eine Bahnfahrt vergleicht, bezieht meist nur den Benzinpreis mit ein. Klar schneidet in diesem Fall die Bahn schlechter ab. Doch zu den Kosten für einen Kilometer Autofahrt zählt auch der Aufwand für Abschreibung, Service und Versicherungen. So betrachtet kommt die Bahnfahrt dann oft günstiger zu stehen. Ganz ähnlich sieht es beim Vergleich zwischen Heizsystemen aus: Vergleichen Sie nur den Öl- oder Holzpreis, kommen Sie schnell zu einem falschen Schluss. Denn entscheidend für einen sauberen Preisvergleich sind die jährlichen Betriebskosten. Diese beziehen nicht nur den Wirkungsgrad der Anlage und die Energiekosten, sondern auch die Abschreibung, den Serviceaufwand und die Verzinsung des Brennstoffs ein, wenn dieser eingelagert werden muss (Öl, Holz). Einen solchen Kostenvergleich finden

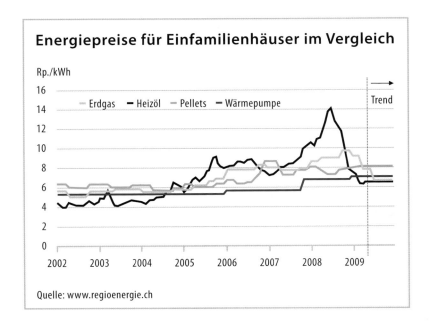

Energiepreise für Einfamilienhäuser im Vergleich

Rp./kWh

Erdgas — Heizöl — Pellets — Wärmepumpe   Trend

2002 2003 2004 2005 2006 2007 2008 2009

Quelle: www.regioenergie.ch

Sie im Internet unter www.erdgas.ch/kosten. Darin zeigt sich, dass bei heutigen Energiepreisen eine Ölheizung und eine Wärmepumpe mit Erdsonde praktisch gleich teuer zu stehen kommen.

 Achtung: Wie jeder Vergleich ist auch derjenige zwischen Heizsystemen nur eine Momentaufnahme. Veränderte Energie- und Marktpreise sowie neue Technologien können die Rangierung zu einem anderen Zeitpunkt verändern.

Heizung leasen statt kaufen Beim Autokauf ist Leasing heute gang und gäbe. Statt das Kapital ins Fahrzeug zu stecken, bezahlt man eine monatliche Mietgebühr. Nach dem gleichen Prinzip können Sie auch eine neue Heizung für Ihr Haus finanzieren. Energie-Contracting heisst dieses Angebot, hinter dem einerseits örtliche Elektrizitätswerke, anderseits spezielle Anbieter aus dem Energiesektor stehen. Auf Einfamilienhausbesitzer ausgerichtet ist das Angebot von www.heatbox.ch. Andere Anbieter offerieren ihre Leistungen nur, wenn mindestens acht Einheiten ans Heizsystem angeschlossen werden – beispielsweise ein Mehrfamilienhaus oder mehrere Einfamilienhäuser.

Das Prinzip ist einfach: Sie als Kunde wählen zusammen mit dem Contracting-Anbieter das passende Heizsystem aus und schliessen einen Vertrag ab. Dieser läuft je nach Heizsystem 15 oder mehr Jahre. Der Vertrag beinhaltet zwei finanzielle Komponenten: zum einen die Installation der gesamten Anlage samt Amortisation und Zins, zum andern den Betrieb samt Wartung und Lieferung der benötigten Energie. Während die erste Komponente in der Regel einen fixen Preis pro Monat oder Jahr hat, sind die Aufwendungen für den Betrieb vom Verbrauch abhängig. Der Contractor installiert die komplette Anlage und betreibt sie während der Vertragsdauer auf eigenes Risiko. Geht beispielsweise eine Komponente vorzeitig kaputt, muss sie der Contractor auf eigene Kosten ersetzen.

Contracting ist nicht unbedingt günstiger als der Kauf einer Heizung unter Einrechnung aller Komponenten inklusive Zins auf dem Kapital. Es ist aber eine gute Möglichkeit, wenn das eigene Geld nicht ausreicht oder für einen anderen Zweck – beispielsweise die energetische Verbesserung der Gebäudehülle – eingesetzt werden soll. Zudem ist man vom Betrieb der Heizanlage entlastet und muss sich nicht mit Reparaturen oder Servicearbeiten herumschlagen.

Aus einem Contracting-Vertrag können Sie jederzeit aussteigen. Sie sind dann aber verpflichtet, die Heizungsanlage zu einem im Vertrag festgelegten Preis zu übernehmen. Dieser ist in der Regel vom Alter der Anlage abhängig.

Das Reihenhaus von Beate und Roland E. ist Teil einer Siedlung mit 30 Häusern, die von einer Heizzentrale aus mit Wärme versorgt werden. Da die Anlage dringend ersetzt werden muss, beauftragt die Gemeinschaft der Hausbesitzer einen Contractor mit dem Ersatz und Betrieb. Dieser erstellt die neue Anlage auf eigene Kosten, dafür verrechnet er den Hausbesitzern zusätzlich zu den Kosten für die gelieferte Energie einen Betrag für Abschreibung und Unterhalt. Dafür muss die Besitzergemeinschaft selber keine Investitionen tätigen und sich nicht mehr um den Betrieb der Anlage kümmern, was bis anhin immer wieder zu Diskussionen geführt hatte.

So läuft der Austausch ab

Der Austausch einer Heizungsanlage ist heute eine Routineangelegenheit und dauert je nach Heizsystem bloss wenige Tage. Aufwendiger wird es nur, wenn beispielsweise eine Wärmepumpe mit Erdsonde installiert werden soll. Die Bohrarbeiten für die Sonde beanspruchen jeweils einige Zeit und können auch Teile des Gartens in Mitleidenschaft ziehen.

In der Regel übernimmt der Installateur oder der von Ihnen beauftragte Haustechnikplaner die Organisation und die Aufsicht über die

Arbeiten. Werden im gleichen Zug das Haus oder Teile davon renoviert, können Sie diese Aufgabe auch einer Architektin übergeben.

Das Gros der Austauscharbeiten erfolgt in den Kellerräumen, beim Einbau eines Sonnenkollektors auch noch auf dem Dach. Im restlichen Haus sind meist nur kleinere Arbeiten nötig. Bei älteren Heizungsanlagen müssen oft die alten Ventile an den Radiatoren durch Thermostatventile ersetzt werden. Diese helfen zusätzlich beim Sparen von Energie.

Welche Bewilligungen sind nötig?

Welche Bewilligungen Sie für den Austausch Ihrer Heizanlage brauchen, hängt vom gewählten System ab. Wird beispielsweise nur ein bestehender Gasbrenner durch einen neuen ersetzt, muss einzig die Feuerungskontrolle am Schluss die Anlage abnehmen. Ist hingegen der Einbau einer Wärmepumpe mit Erdsonde geplant, muss unter anderem eine Bewilligung für die Bohrung eingeholt werden und für den Anschluss der Pumpe ans Stromnetz braucht es die Einwilligung des Elektrizitätswerks.

Sommer oder Winter – wann ist der passende Moment?

Am einfachsten ist ein Heizungstausch natürlich im Sommer, wenn die Anlage sowieso nicht oder nur für die Bereitstellung von heissem Wasser benötigt wird. Viele Installateure offerieren aber für die Heizungssanierung in den Wintermonaten bessere Preise, sodass ein Tausch in der kalten Jahreszeit durchaus eine Überlegung wert ist. Damit die Bewohner trotzdem nicht frieren, wird für die Zeit des Umbaus meist eine mobile Heizanlage angeschlossen. Je nach Heizungssystem und Platzverhältnissen können viele Dinge auch vorbereitet werden, sodass der eigentliche Heizungstausch innert weniger Tage möglich ist.

Welche Bewilligungen in Ihrem Fall nötig sind, klären Sie am besten mit dem Installateur oder dem Haustechnikplaner ab. Diese übernehmen meist auch das Einholen der Zusagen bei den entsprechenden Amtsstellen und organisieren die Abnahme der Anlage durch die Behörden.

Das richtige Vorgehen beim Heizungstausch

Ist Ihr Haus bereits ausreichend isoliert und trauen Sie sich zu, den Heizungstausch selber an die Hand zu nehmen, sollten Sie wie folgt vorgehen:

— Nehmen Sie sich Zeit für die Wahl des richtigen Systems und die Suche nach dem Partner für die Installation.

— Beziehen Sie für Preisvergleiche alle Kosten mit ein. Eine gute Hilfe dazu ist das Berechnungsinstrument unter www.erdgas.ch/kosten.

— Holen Sie für das gewählte System mehrere Offerten von verschiedenen Installateuren ein.

— Achten Sie darauf, dass die Offerte eine «schlüsselfertige» Heizanlage beinhaltet, also inklusive aller Anpassungsarbeiten am Gebäude, Elektriker, Maurer, Maler etc.

— Lassen Sie sich vom Installateur zur Offerte eine Leistungsgarantie von Energie Schweiz geben. So sind Sie sicher, dass die Heizung den Kriterien für eine sparsame, umwelt- und bedienungsfreundliche Anlage entspricht.

— Vergeben Sie die Arbeit an den Installateur mit dem besten Angebot und den besten Referenzen.

— Bestätigen Sie dem Installateur den Auftrag unter Bezugnahme auf seine Offerte.

— Lassen Sie sich vom gewählten Installateur einen schriftlichen Zeitplan für den Austausch geben.

Kostenlose Energie von der Sonne

Vor gut dreissig Jahren entwickelten findige Bastler die ersten Sonnenkollektoren und erzeugten damit warmes Wasser für ihr Haus. Damals wurden sie belächelt und als grüne Spinner abgetan. In Zeiten tiefer Energiepreise interessierte sich kaum jemand für die einfache Technologie. Doch die immer wieder stark nach oben ausschlagenden Energiepreise der letzten Jahre haben der Solartechnik den Durchbruch gebracht. Rund 50 000 Anlagen sind derzeit in der Schweiz installiert, Tendenz steigend.

Besonders geeignet sind Solaranlagen bei älteren Häusern für die Aufbereitung von Warmwasser und – wenn genügend Kollektorfläche zur Verfügung steht – zur Unterstützung der Heizung. Schon mit einer einfachen Kollektoranlage lassen sich bis siebzig Prozent des Warmwasserbedarfs abdecken.

Sonnenkollektor oder Solarzelle?

Sonnenkollektor und Solarzelle werden oft in einen Topf geworfen. Doch es besteht ein grundlegender Unterschied: Der Kollektor ist, ganz vereinfacht ausgedrückt, eine schwarze Fläche, die heiss wird und so Wasser erwärmt. Eine Solarzelle hingegen hat eine lichtempfindliche Oberfläche, die Sonnenlicht in Strom umwandelt. Bei der energetischen Sanierung von Einfamilienhäusern kommt in der Regel ein Kollektor zur Anwendung, da er die einfachste Möglichkeit darstellt, den Energieverbrauch für Warmwasser und Heizung zu senken. Solarzellen können Sie ergänzend installieren und den so gewonnenen Strom ins Netz einspeisen. Die Investitionen dafür liegen aber um ein Mehrfaches höher und rechnen sich in der Regel nur, wenn Sie vom kostendeckenden Einspeisevergütungen profitieren können. Die Mittel des Bundes dafür sind jedoch sehr knapp.

So funktioniert eine Kollektoranlage

Eine Sonnenkollektoranlage funktioniert sehr einfach (siehe Grafik): Der auf dem Dach installierte Kollektor wird von der Sonne erwärmt und gibt diese Wärme an einen Kreislauf mit Glykol ab. Dieses kann die Wärme gut transportieren und gefriert bei kalten Temperaturen nicht. Mithilfe einer Pumpe gelangt das Glykol über eine Zirkulationsleitung in den Wärmespeicher und überträgt dort die Wärme auf das Wasser. Das abgekühlte Glykol wird wieder zurück in den Kollektor auf dem Dach gepumpt und der Kreislauf beginnt von Neuem.

Als Hausbesitzer haben Sie mit dem Betrieb der Solaranlage keinen Aufwand. Eine ausgeklügelte Steuerung sorgt dafür, dass sich die Anlage automatisch einschaltet, wenn die Sonne genügend Wärme zur Verfügung stellt. Und auch die Nachheizung an sonnenarmen Tagen erfolgt vollautomatisch.

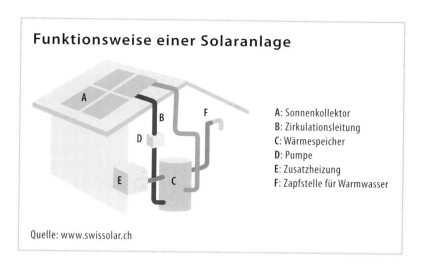

Funktionsweise einer Solaranlage

A: Sonnenkollektor
B: Zirkulationsleitung
C: Wärmespeicher
D: Pumpe
E: Zusatzheizung
F: Zapfstelle für Warmwasser

Quelle: www.swissolar.ch

So gehen Sie richtig vor

Falls Sie die Installation einer Solaranlage ins Auge fassen, sollten Sie folgendermassen vorgehen:

— Klären Sie zuerst die Eignung Ihrer Liegenschaft und den passenden Standort für die Anlage ab (siehe Seite 130).

— Holen Sie Offerten ein. Falls Sie sowieso den Austausch der gesamten Heizanlage planen, können Sie einen Haustechnik-planer damit beauftragen (siehe Seite 110). Planen Sie nur eine Solaranlage, sollten Sie unbedingt darauf achten, dass Sie vom Installateur eine Gesamtofferte erhalten. Diese umfasst auch alle Begleitarbeiten wie elektrische Anschlüsse, Anpassungen am Dach etc.

— Verlangen Sie vom Installateur eine Leistungsgarantie (Informationen dazu können Sie auf www.minergie.ch oder www.bfe.admin.ch herunterladen). Diese belegt, dass die Anlage dem aktuellen Stand der Technik entspricht und dass alle Arbeiten gemäss den Richtlinien von Energie Schweiz durchgeführt werden. So haben Sie die Gewähr, ein zeitgemässes, leistungsfähiges System zu erhalten. Die besten Anlagen sind auf www.topten.ch zu finden.

— Vergleichen Sie die Offerten, vor allem auch im Hinblick auf die Vollständigkeit. Sind alle Begleitarbeiten offeriert?

— Klären Sie die Finanzierung ab. Verschiedene Banken bieten spezielle Hypotheken für energetische Investitionen an (siehe Seite 168). Prüfen Sie auch, welche Förderbeiträge bei Kantonen und Gemeinden beantragt werden können (siehe Seite 159).

— Klären Sie ab, ob Sie für die Anlage ein Baugesuch einreichen müssen. Die Bewilligungspflicht ist je nach Kanton und Gemeinde unterschiedlich geregelt und hängt auch vom Standort der Liegenschaft innerhalb der Gemeinde und von der Grösse der Anlage ab (siehe unten).

Lassen Sie sich von den Firmen, die Ihnen eine Solaranlage offerieren, unbedingt Referenzen geben und fragen Sie dort nach, wie zufrieden man mit der Arbeit und der Anlage ist.

Viele wertvolle Tipps rund um Solaranlagen finden sich auf den Internetseiten des Schweizerischen Fachverbands für Sonnenenergie (www.swissolar.ch).

Eignet sich die Liegenschaft für einen Sonnenkollektor?

Grundsätzlich ist fast jedes Hausdach in der Schweiz für die Installation eines Sonnenkollektors geeignet. Heikel sind einzig Liegenschaften, die sich einen grossen Teil des Tages im Schatten befinden – etwa aus geografischen Gründen oder durch den Schattenwurf grösserer Gebäude. Ob Ihr Dach den Vorgaben genügt und welchen Anteil des Wärmebedarfs Sie mit einem Kollektor decken können, lässt sich am einfachsten mit dem Solardachrechner ermitteln (www.wwf.ch/solar).

Der Platzbedarf auf dem Dach spielt in der Regel eine untergeordnete Rolle. Für die Warmwassererwärmung ist pro Person mit einer Kollektorfläche von 1 bis 1,5 Quadratmetern zu rechnen. Soll die Heizung unterstützt werden, ist eine grössere Fläche nötig. Als Richtgrösse für ein Einfamilienhaus gelten in diesem Fall mindestens zehn Quadratmeter Kollektorfläche.

Vorgängig sollten Sie aber nicht nur die Gegebenheiten des Standorts abklären, sondern auch die baurechtlichen Aspekte. Kleinere Solaranlagen müssen heute gemäss der Revision des Raumplanungsgesetzes vom Januar 2008 in der Bau- und Landwirtschaftszone grundsätzlich bewilligt werden. Vorausgesetzt, sie fügen sich gut ins Gebäude oder ins Dach ein. Vielerorts ist deshalb bei Liegenschaften innerhalb der Bauzone nicht einmal mehr eine Baubewilligung nötig. Heikler sind Kernzonen von Dörfern und Städten; hier können die örtlichen Behörden Anlagen zwar nur in den seltensten Fällen verbieten, aber strengere Auflagen machen.

💡 Fragen Sie zur Sicherheit beim Bauamt Ihrer Gemeinde nach, ob Sie für die Solaranlage eine Bewilligung benötigen. Denn unrechtmässig erstellte Anlagen müssen im schlimmsten Fall wieder demontiert werden.

Rechnet sich eine Solaranlage?

Für die Installation einer Solaranlage zur Warmwasseraufbereitung (ohne Heizungsunterstützung) ist bei einem Einfamilienhaus mit Kosten ab 15 000 Franken aufwärts zu rechnen (inklusive Begleitarbeiten). Ob sich der Einbau rechnet, hängt vor allem von der Entwicklung der Energiepreise ab. Bewegen sich diese weiterhin auf hohem Niveau – wie in den letzten Jahren einige Male geschehen –, können Solaranlagen kostenmässig mithalten. Fachleute gehen davon aus, dass sich die Kosten dafür innert zwanzig Jahren amortisieren, wenn das Warmwasser bisher mit einem Elektroboiler erzeugt wurde. Um einen sauberen Preisvergleich zu erhalten, müssen Sie aber unbedingt alle relevanten Posten miteinbeziehen (siehe Beispiel). Dazu zählen neben den Energiekosten die Abschreibungskosten für eine konventionelle Anlage (Boiler) sowie die Fördergelder, die Kanton, Gemeinde und weitere Stellen für den Einbau zahlen (siehe Seite 159), aber auch der Steuerabzug, der für die Investition in eine Solaranlage gemacht werden kann (siehe Seite 170).

Beispiel: Kosten und Nutzen einer Solaranlage

Nachträglicher Einbau bei einem Einfamilienhaus (6 m^2 Kollektorfläche zur Warmwasseraufbereitung) anstatt Ersatz des bestehenden Boilers

Kaufpreis Solarkompaktanlage	**Fr. 10 000.–**
+ Installationskosten	Fr. 3 000.–
– Steuereinsparung (einmalig)[1]	Fr. 2 000.–
– Förderbeiträge (Beispiel Kanton Wallis)	Fr. 1 500.–
– Kosten konventioneller Boiler	Fr. 2 500.–
Nettoinvestitionen	**Fr. 7 000.–**

Jährliche Kosten Solaranlage (Nutzung während 25 Jahren)[2]	Fr. 360.–
Jährliche Kosten Warmwasser bei Erzeugung mit Öl[3]	Fr. 256.–
Jährliche Kosten Warmwasser bei Erzeugung mit Strom[4]	Fr. 432.–

[1] Abhängig vom Einkommen
[2] Inkl. Wartung, Abschreibung, Anteil Öl für Erwärmung an sonnenarmen Tagen
[3] 320 Liter Heizöl à Fr. 0.80
[4] 2700 kWh à Fr. 0.16
Quellen: www.swissolar.ch, BFE

Minergie und Co. – die Standards

Labels sind auch für die energetische Sanierung von Gebäuden eine wichtige Orientierungshilfe. Mit den Labels Minergie, Minergie-P oder Minergie Eco ist die Schweiz hier weltweit Vorreiter. Die Labels garantieren eine energetische Sanierung nach einheitlichen Standards und unter externer Kontrolle.

Die Standards für energetische Sanierungen

Labels haben sich in den letzten Jahren zu wichtigen Orientierungshilfen für Konsumenten entwickelt. Beispielsweise beim Einkauf ökologisch produzierter Lebensmittel. Hier stützt man sich gerne auf Kennzeichnungen wie die Bio-Knospe oder das IP-Label für integrierten Anbau von Gemüse und Früchten. Analog dazu existieren auch für energiesparende Gebäude Standards, an denen Sie sich orientieren können. Sie heissen Minergie, Minergie-P und Minergie Eco und zeichnen neue oder sanierte Wohnbauten aus, die den Vorgaben des jeweiligen Gütesiegels genügen.

Die Anforderungen zur Erreichung dieser Standards liegen deutlich höher als die gesetzlichen Vorgaben in den Mustervorschriften der Kantone (MuKEn, siehe Seite 26). Inhaber der Labels ist der Verein Minergie, die Zertifizierung der Bauten wird von festgelegten Zertifizierungsstellen vorgenommen.

Initiiert wurde das Minergie-Label 1998 von den Kantonen Bern und Zürich. Zu Beginn entschieden sich nur wenige Hausbesitzer, ihr Haus nach dem neuen Standard zu bauen oder zu sanieren, denn die Energiepreise waren damals tief. Doch die steigenden Kosten von Öl, Gas und Strom, der höhere Wohnkomfort von Minergie-Bauten, die moderaten Mehrkosten sowie die gezielte Vermarktung des Standards sorgten für eine Etablierung des Labels. Ende 2009 trugen schweizweit bereits 15 000 Gebäude eines der Minergie-Label, 1200 davon waren sanierte Objekte.

Beispiele von Bauten, die nach Minergie erneuert wurden, finden Sie einerseits in Kapitel 9 dieses Ratgebers (ab Seite 195), anderseits auf der Internetseite www.minergie.ch (→ Service → Gebäudeliste). Dort können Sie nach solchen Bauten in Ihrer Region suchen.

Was bringt der Minergie-Standard?

Die Sanierung Ihres Hauses nach einem der Standards von Minergie bringt verschiedene Vor-, aber auch einige Nachteile mit sich, mit denen Sie sich vorgängig auseinandersetzen sollten. Die wichtigsten Vor- und Nachteile im Überblick:

— Vorteile

+ Klar definierte Standards
+ Vorgegebener tiefer Energieverbrauch für Heizung und Warmwasser
+ Tiefe Nebenkosten
+ Klare Unterschreitung der gesetzlich vorgegebenen Grenzwerte nach MuKEn (siehe Seite 26)
+ Höherer Wohnkomfort durch gute Wärmedämmung, besseren Schallschutz, die kontrollierte Belüftung und damit auch die Möglichkeit, die Luft zu filtern – gerade für Allergiker ein wichtiges Kriterium
+ Vereinfachter Zugang zu Fördergeldern und vergünstigten Hypotheken
+ Höherer Wiederverkaufswert (siehe Seite 34)
+ Etappierung der Sanierung durch Anwendung von Minergie-Modulen möglich (siehe Seite 141)
+ Ökologische Materialwahl und schadstoffarme Baumaterialien (nur bei Minergie Eco und Minergie-P Eco obligatorisch)
+ Externe Prüfung der gewählten Konstruktionen und Massnahmen durch die Zertifizierungsstellen von Minergie

— Nachteile

– Zum Teil höhere Renovationskosten gegenüber einer Sanierung nach den gesetzlichen Vorgaben (vor allem wegen der vorgeschriebenen Komfortlüftung und der dickeren Isolation)

- Vergabe des Labels nur möglich, wenn alle Vorgaben erfüllt sind
- Leicht eingeschränkte Materialauswahl (nur bei Minergie Eco und Minergie-P Eco)
- Gebühr für Zertifizierung, derzeit für ein Einfamilienhaus 900 Franken bei Minergie, 2000 Franken bei Minergie-P und 2900 Franken bei Minergie Eco

Setzen Sie auf den richtigen Standard Neben den Labels Minergie, Minergie-P oder Minergie Eco werden im Zusammenhang mit energiesparenden Häusern oft auch Begriffe wie Sparhaus, Sonnenhaus, Solarhaus oder Energiesparhaus verwendet. Hinter diesen Begriffen stehen aber keine anerkannten und normierten Standards. Lassen Sie sich nicht von solchen Begriffen täuschen, denn diese geben Ihnen keinerlei Garantie, ein Haus zu erhalten, das mehr als nur die gesetzlichen Normen erfüllt.

Die Vergabe von Fördergeldern durch die öffentliche Hand sowie von vergünstigten Hypotheken durch die Banken (siehe Seite 159 und 168) ist oft an die Einhaltung des Minergie-Standards gekoppelt. Deshalb ist es insbesondere bei umfassenden Sanierungen sinnvoll, gleich von Beginn weg auf das Minergie-Label zu setzen, um von den Geldern und Vergünstigungen profitieren zu können.

Der Standard Minergie

Der Basis-Standard von Minergie umfasst sowohl Vorgaben für Neubauten als auch für die Sanierung von Gebäuden. Die Grundanforderungen sind bei Neubauten und Sanierungsobjekten grundsätzlich dieselben: eine dichte, gut isolierte Gebäudehülle, eine kontrollierte Belüftung aller Wohnräume mit Wärmerückgewinnung (siehe Seite 146) sowie die Einhaltung des vorgeschriebenen maximalen Energieverbrauchs für Heizung und Warmwasser. Bei

Energiestandards für Sanierungen im Vergleich

	MuKEn 2008 Sanierung (gesetzliche Vorschrift)	Minergie Sanierung	Minergie-P Neubau und Sanierung
Maximaler Energieverbrauch für Heizung und Warmwasser pro m² beheizter Wohnfläche und Jahr	90 kWh	60 kWh	30 kWh
Kontrollierte Belüftung mit Wärmerückgewinnung	Freiwillig	Obligatorisch	Obligatorisch
Luftdichtigkeit der Gebäudehülle	Keine Vorgaben	Keine Vorgaben	Vorgeschriebener Wert
Wahl des Heizsystems	Keine Vorgaben	Keine Vorgaben	Zumindest teilweiser Einsatz erneuerbarer Energien vorgeschrieben
Anforderung an Haushaltsgeräte	Keine Vorgaben	Einsatz von Geräten der Klassen A, A⁺ und A⁺⁺ empfohlen	Geräte der Klassen A, A⁺ und A⁺⁺ obligatorisch
Kontrolle der Einhaltung der Standards	Rechnerisch, Stichproben im Rahmen der Bauabnahme	Rechnerisch, Stichproben durch Zertifizierungsstelle	Rechnerisch und vor Ort (Dichtigkeit), Stichproben durch Zertifizierungsstelle
Mehrkosten gegenüber gesetzlichen Vorgaben bei umfassender Sanierung	−	3 bis 10 %	Ab 5 %

Neubauten beträgt dieser 38 kWh pro Quadratmeter beheizter Wohnfläche und Jahr (entspricht 3,8 Litern Heizöl), bei sanierten Wohnhäusern sind es 60 kWh pro Quadratmeter (6 Liter Heizöl). Damit werden die gesetzlichen Vorgaben klar unterschritten. Diese sehen für Neubauten einen Verbrauch von rund 48 kWh vor, für sanierte Objekte von 90 kWh. Zum Vergleich: Nicht sanierte Altbauten benötigen schnell einmal 200 kWh.

Bauliche Massnahmen bei Sanierung nach Minergie Wenn Sie Ihr Haus nach Minergie sanieren lassen, umfassen die Eingriffe drei Hauptbereiche:

— Gebäudehülle

— Kontrollierte Belüftung

— Aufbereitung von Heizwärme und Warmwasser

Wo und wie die **Gebäudehülle** Ihres Hauses genau verbessert werden muss, wird von den beigezogenen Spezialisten vorgängig ermittelt. In der Regel müssen Sie aber mit folgenden Massnahmen rechnen: Das Dach oder – wenn der Dachraum nicht genutzt wird – der Estrichboden wird 20 bis 30 Zentimeter dick isoliert. Gleiches gilt für die Kellerdecke, falls der Keller unbeheizt ist. Verfügt der Keller ebenfalls über beheizte Räume, müssen deren Wände und Böden isoliert werden. Auch die Hausfassaden erhalten eine Wärmedämmung von 15 bis 20 Zentimetern Dicke. Wenn möglich wird diese aussen aufgebracht, falls das nicht geht, im Innern (siehe Seite 84). Je nach Alter und Isolationswert müssen auch die Fenster durch solche nach Minergie-Standard ersetzt werden.

Die **Belüftungsanlage** umfasst in der Regel ein Lüftungsgerät, das die Luft von aussen ansaugt und über ein Rohrnetz im Haus verteilt. Über ein separates Netz wird die verbrauchte Luft wieder abgesaugt, die Wärme daraus entzogen und im Wärmetauscher an die frische Zuluft abgegeben. Die Montage des Lüftungsgeräts erfolgt meist im Keller und ist einfach. Etwas aufwendiger ist das Verlegen der Rohre für Zu- und Abluft, was oft Durchbrüche in Wänden und Böden nötig macht. Die Lüftungsspezialisten finden aber meist eine gangbare Lösung. Reicht der bestehende Platz nicht aus, gibt es auch Alternativen. Beispielsweise Lüftungsgeräte mit integrierter Wärmerückgewinnung in jedem Raum im Bereich der Fenster (mehr zur Komfortlüftung auf Seite 146).

Welche Arbeiten am **Heizsystem** nötig sind, hängt von den örtlichen Gegebenheiten ab. Die vorhandene Bodenheizung oder die Radiatoren können Sie auf jeden Fall weiterverwenden. Ob die vorhandene Anlage zur Wärmeaufbereitung noch genügt, muss von den Spezialisten geklärt werden. Oft ist sie für den massiv tieferen Energieverbrauch zu gross dimensioniert und arbeitet ineffizient. Dann ist ein Austausch sinnvoll. In der Regel benötigen Sie als Ergänzung aber einen Sonnenkollektor für die Warmwasseraufbereitung (siehe Seite 127). Dieser wirkt sich dank der erneuerbaren Energie positiv auf die Berechnung der Energiebilanz Ihres Hauses aus und kann teilweise eine schlechtere Isolation kompensieren.

 Der Minergie-Standard schränkt Sie bei der Wahl des Heizsystems nicht ein. Auch Gas- oder Ölheizungen, meist kombiniert mit einem Sonnenkollektor fürs warme Wasser, können in Minergie-Häusern problemlos eingesetzt werden. Die Verwendung nicht erneuerbarer Energien (wie Öl, Gas und teilweise Strom) wird aber bei der Zertifizierung stärker gewichtet, sodass unter Umständen mehr isoliert werden muss. Zusammen mit den beigezogenen Spezialisten müssen Sie das passende Gleichgewicht finden, um die Verbrauchsvorgaben des Standards einzuhalten.

Minergie-Module Wenn Sie Ihr Haus nicht in einem Stück nach Minergie sanieren möchten, sondern die Erreichung des Standards erst längerfristig anstreben, bieten sich die sogenannten Minergie-Module an. Dabei handelt es sich um standardisierte Bauteile oder Konstruktionen, die den Vorgaben von Minergie genügen. Damit können Sie Ihr Haus – ähnlich einem Baukasten – Stück für Stück sanieren und haben die Garantie, dass es am Schluss den Minergie-Standard erreicht und zertifiziert werden kann. Erhältlich sind solche Module beispielsweise für Fenster, Wand- und Dachaufbauten oder Türen.

Bei der Anwendung von Minergie-Modulen, ist es besonders wichtig, dass die von Ihnen beigezogenen Fachleute (Planer, Handwerker) über die nötigen Spezialkenntnisse verfügen. Lassen Sie sich auf alle Fälle schriftlich garantieren, dass das Bauteil oder die gewählte Konstruktion als Minergie-Modul zertifiziert sind.

Der Standard Minergie-P

Minergie-P ist das schweizerische Pendant zum ursprünglich aus Deutschland stammenden Passivhaus-Standard. Grundsätzlich sind die Vorgaben mit denen von Minergie vergleichbar. Die Isolation fällt aber einiges dicker aus, die Fenster benötigen noch bessere Wärmedämmwerte und das Gebäude muss gewisse Standards bezüglich Luftdichtigkeit erfüllen. Dass es dies tut, muss im Rahmen der Zertifizierung vor Ort nachgewiesen werden.

Im Gegensatz zum normalen Minergie-Standard wird bei Minergie-P kein Unterschied zwischen Neubauten und sanierten Objekten gemacht (siehe Tabelle Seite 139). Der Energieverbrauch eines nach Minergie-P sanierten Hauses beträgt also nur gerade die Hälfte des Minergie-Standards für Sanierungen. Entsprechend ist der bauliche Aufwand dafür um einiges höher und längst nicht bei allen Altbauten machbar. Verschiedene realisierte Sanierungen nach Minergie-P zeigen aber, dass es möglich ist (siehe Beispiel auf Seite 210).

Q Wenn Sie unsicher sind, wie es sich in einem dick isolierten und luftdichten Haus nach dem Standard Minergie-P lebt, haben Sie die Möglichkeit, dies auszuprobieren. In Stein am Rhein können Sie in einem «Bed and Breakfast» übernachten, dessen Gebäude nach Minergie-P gebaut wurde (www.schlafenamrhein.ch). In Unterwasser im Toggenburg betreibt die Interessengemeinschaft Passivhaus eine Ferienwohnung in einem Minergie-P-Haus (www.probewohnen.ch). Zudem führt Minergie meist im Herbst spezielle Besichtigungstage in Minergie-P-Häusern durch. Die Termine dafür werden jeweils auf der Internetseite und in den Medien kommuniziert.

Form und Ausrichtung sind entscheidend Ob Ihr Haus für eine Sanierung nach Minergie-P geeignet ist, hängt vor allem von der Gebäudeform, aber auch von der geografischen Ausrichtung ab. Entscheidend für die Form ist das Verhältnis von Gebäudeoberfläche und Gebäudevolumen. Je kleiner die Oberfläche im Verhältnis zur

Passivhaus

Der Passivhaus-Standard wurde ursprünglich vom Passivhaus-Institut im deutschen Darmstadt geschaffen und ist in Deutschland und in Österreich weitverbreitet. Auch in der Schweiz stehen einige Häuser, die nach den deutschen Vorgaben zertifiziert wurden. Theoretisch können Sie auch heute noch in der Schweiz Ihr Haus nach diesen Vorgaben sanieren und zertifizieren lassen. Seit der Einführung des am Passivhaus-Standard orientierten Standards Minergie-P ist eine solche Zertifizierung aber nicht mehr sinnvoll. Vor allem, weil Sie Unterstützungsgelder der öffentlichen Hand oder vergünstigte Hypotheken nur erhalten, wenn das Haus nach dem Schweizer Standard Minergie-P zertifiziert ist.

Grösse des Hauses ist, desto kleiner sind auch die energetischen Verluste. Erker sowie Vor- und Rücksprünge wirken sich entsprechend negativ aus. Hat Ihr Haus hingegen eine einfache, kubische Form, sind die Vorraussetzungen gut.

Bei der geografischen Ausrichtung ist vor allem die Exposition gegen Süden wichtig. Sie ermöglicht es, in der kalten Jahreszeit von der Sonnenwärme zu profitieren und so den Energieverbrauch zu senken.

Wenn Sie eine Sanierung nach Minergie-P ins Auge fassen, sollten Sie von Beginn weg einen auf diese Bauweise spezialisierten Architekten oder einen Energieplaner beiziehen, der sich mit Bauten nach Standard Minergie-P auskennt. Diese Fachleute können schnell abklären, ob eine solche Sanierung bei Ihrem Haus überhaupt machbar ist und welche Massnahmen und Kosten damit verbunden sind.

Bauliche Massnahmen bei Sanierung nach Minergie-P Bei einer Sanierung nach Minergie-P, werden in Ihrem Haus grundsätzlich dieselben Arbeiten ausgeführt wie bei einer Sanierung nach Minergie. Weil die Isolation aber einiges dicker ausfallen wird, sollte zumindest ein Teil der Fassaden auf der Aussenseite gedämmt werden können. Ist dies nicht möglich, muss für einzelne Wände unter Umständen auf die wesentlich teurere, dafür sehr dünne Vakuumisolation zurückgegriffen werden (siehe Tabelle im Anhang).

Knifflig ist auch das Erreichen der geforderten Luftdichtigkeit. Neben Fenstern und Türen gilt das Augenmerk dabei insbesondere den Anschlüssen zwischen Dach und Wand und zwischen Erdgeschoss und Keller. Sind alle Undichtigkeiten beseitigt, wird im Gebäude vorübergehend ein Unterdruck erzeugt, um zu prüfen, ob noch Luft von aussen nachfliesst.

Unter Umständen sind zur Erreichung des Standards auch aufwendigere bauliche Eingriffe nötig: So müssen beispielsweise auskragende Balkone abgeschnitten und durch solche ersetzt werden, die am Boden abgestützt sind. Denn die auskragende Balkonplatte wirkt wie eine Kühlrippe und leitet Kälte ins Hausinnere.

Schärfer sind die Vorgaben gegenüber dem Minergie-Standard auch bei der Wahl des Heizsystems und der Warmwasseraufbereitung. Hier müssen Sie zumindest teilweise erneuerbare Energien einsetzen. Bei der Sanierung eines Altbaus sind deshalb in der Regel der Einbau von Sonnenkollektoren und der Austausch der bestehenden Heizung nötig.

Der Standard Minergie Eco

Ergänzend zu Minergie und Minergie-P wurde 2004 der Standard Minergie Eco geschaffen. Das Augenmerk liegt hier zusätzlich auf dem Einsatz ökologischer Materialien und einer möglichst geringen Schadstoffbelastung der Luft in den Wohnräumen. Bei einer Sanierung nach Minergie Eco oder Minergie-P Eco müssen Sie deshalb nicht bloss die energetischen Vorgaben einhalten, sondern dürfen auch nur Materialien einsetzen, die den Vorgaben von Minergie Eco genügen.

In der Regel sind dies Baustoffe, die besonders wenig graue Energie enthalten, sich gut rezyklieren lassen und wenig oder keine

Schadstoffe an die Raumluft abgeben. Ob die gewählten Materialien den Kriterien genügen, wird von einer Zertifizierungsstelle geprüft.

So kommen Sie zu einem Minergie-Label

Damit Sie Ihr Haus nach Minergie, Minergie-P oder Minergie Eco zertifizieren lassen können, ist die Einhaltung der richtigen Reihenfolge wichtig:

— Suchen Sie sich Planer und Spezialisten aus, die bereits Erfahrung mit dem jeweiligen Standard haben und/oder von Minergie anerkannte Fachleute sind. Eine Liste der Fachleute in Ihrer Region finden Sie auf www.minergie.ch (→ Service → Adressportal).

— Hat Ihr Architekt noch keine Erfahrung mit dem angestrebten Standard, ist es wichtig, dass er weitere Spezialisten beizieht, die bereits das nötige Wissen besitzen.

— Reichen Sie vor Baubeginn alle nötigen Unterlagen bei der zuständigen Stelle ein (Adressen unter www.minergie.ch → Über Minergie). Nach Prüfung der Unterlagen erhalten Sie dann ein provisorisches Zertifikat. Dieses ermöglicht es Ihnen beispielsweise, Fördergelder oder eine Minergie-Hypothek zu beantragen. Wenn Sie mit den richtigen Fachleuten zusammenarbeiten, übernehmen diese in der Regel alle Vorarbeiten für die Einreichung der Unterlagen.

— Melden Sie Ihrer Zertifizierungsstelle den Abschluss der Bauarbeiten. Danach erhalten Sie das endgültige Minergie-Zertifikat und die dazugehörende Plakette zum Anbringen am Haus.

Die Komfortlüftung

Gut gedichtete Gebäude sind ein wichtiges Element für einen tiefen Energieverbrauch. Gleichzeitig entfällt damit aber die natürliche Durchlüftung des Hauses und Luftfeuchtigkeit sowie Schadstoffe können sich in den Wohn- und Schlafräumen ansammeln. Regelmässiges Lüften ist deshalb wichtig, wird in der Realität aber zu wenig gemacht, nicht zuletzt weil in vielen Haushaltungen tagsüber oft niemand anwesend ist. Deshalb sind Komfortlüftungen für Bauten nach Minergie-Standard obligatorisch und haben sich in den letzten Jahren auch sonst immer mehr etabliert.

Komfortlüftungen sorgen für einen regelmässigen Luftwechsel in allen Räumen, ohne dass dabei viel Heizwärme verloren geht. Denn die Anlagen verfügen über einen Wärmetauscher. Dieser nutzt die Abwärme der verbrauchten Luft, um damit die frisch von aussen zugeführte Luft vorzuwärmen.

Das Lüftungsgerät wird in der Regel im Keller installiert. Über einen Ansaugstutzen wird frische Aussenluft angesaugt, im Wärmetauscher mit der Abwärme der verbrauchten Luft angewärmt und über ein Rohrsystem durchs Haus transportiert. Die Einblasung in die Wohnräume erfolgt über Auslässe in den Wänden, der Decke oder am Boden. Die verbrauchte Luft wird meist im WC, im Badezimmer oder in der Küche abgesaugt – dort, wo sowieso Abluftinstallationen nötig sind – und zum Lüftungsgerät im Keller zurücktransportiert. Von dort gelangt die Luft über einen Stutzen wieder nach draussen.

Die Kosten für den Einbau einer Komfortlüftung hängen stark davon ab, wie einfach sich die Rohre verlegen lassen. Je nach Schwierigkeitsgrad ist bei einem Einfamilienhaus mit 12 000 bis 20 000 Franken zu rechnen.

Neben der eingesparten Energie hat eine Komfortlüftung noch weitere Vorteile: Allergiker können die Luft filtern, das Risiko einer Schimmelbildung ist sehr klein und wer an einer lärmigen Strasse oder Bahnlinie wohnt, kann in der Nacht das Fenster geschlossen lassen, schläft ruhig und bekommt trotzdem genügend frische Luft.

Platzprobleme beim Einbau

Während in neuen Häusern der Einbau einer Komfortlüftung relativ einfach ist, stellen sich bei der Sanierung von Altbauten oft Platzprobleme: Die Rohre für Zu- und Abluft müssen irgendwie im bestehenden Bau untergebracht werden. Unterdessen haben viele Lüftungsplaner und Hersteller von Lüftungsanlagen Erfahrung mit Altbauten gesammelt und geeignete Verfahren entwickelt:

— Die Rohre werden durch einen nicht mehr benötigten Kamin geführt. Das ist beispielsweise einfach möglich, wenn die bestehende Gas- oder Ölheizung ausgebaut und durch eine Wärmepumpe ersetzt wird. Alternativ kann man die Heizung mit einem neuen Kamin an der Aussenwand des Hauses ausrüsten und so den alten Kamin für die Lüftungsanlage frei machen.

— Die Rohre können durch vorhandene Lüftungsschächte für Bad und Küche verlegt werden.

— Wird die Fassade aussen isoliert, besteht die Möglichkeit, speziell flache Rohre direkt auf der Fassade zu montieren und mit der Isolation zu überdecken.

— Wenn es Sie als Hausbesitzer nicht stört, ist es auch möglich, einen Teil der Rohre sichtbar durch die Zimmer zu führen.

Finden die Lüftungsrohre gar keinen Platz, können stattdessen in jedem Zimmer individuelle Lüftungsgeräte montiert werden, die die Luft direkt von aussen ansaugen. Sie verfügen ebenfalls über einen Wärmetauscher und sorgen so für einen energiesparenden Betrieb. Diese Variante ist aber nicht ganz unproblematisch, da gleichzeitig Lärm von aussen in die Räume gelangen kann und die eingeblasene Luft im Winter relativ trocken ist.

Wichtig: die Einregelung durch Fachleute

Mit der Installation und dem Einschalten eines Komfortlüftungsgeräts ist es nicht getan. Wichtig ist, dass die Anlage von Fachleuten sauber eingeregelt und eingemessen wird. Dazu gehören Luft- und Temperaturmessungen in den einzelnen Räumen. So lässt sich der Luftaustausch den Bedürfnissen und den örtlichen Gegebenheiten anpassen.

Zudem sollten Sie als Hausbesitzer über den Gebrauch des Geräts, die Wartung und die Einstellmöglichkeiten instruiert werden. Leider passiert das in vielen Fällen nicht und die Anlagen arbeiten ineffizient oder der Wohnkomfort wird gar beeinträchtigt.

💡 Bestehen Sie darauf, dass der Planer der Anlage die nötigen Messungen vornimmt, die Anlage einregelt und Sie in der Bedienung instruiert.

Erleichterung für Allergiker

Leben in Ihrer Familie Allergiker, die beispielsweise unter Asthma oder Heuschnupfen leiden? Dann ist der Einbau einer Lüftungsanlage sehr hilfreich. Mit entsprechenden Filtern – die extra verlangt werden müssen – bleiben Pollen und andere reizende Luftbestandteile draussen. Zudem wird der in der Zimmerluft befindliche Staub laufend abtransportiert, was wiederum zu einer Reduktion der Reizstoffe führt.

Typische Vorurteile gegen eine Komfortlüftung

Viele Hausbesitzer wehren sich gegen den Einbau einer Komfortlüftung im eigenen Haus und führen verschieden «Gegenargumente» ins Feld. Hier einige typische Vorurteile und die Antworten darauf:

Vorurteil 1 Mit einer Komfortlüftung darf man kein Fenster mehr aufmachen.

Antwort: Falsch. Die Komfortlüftung sorgt zwar laufend für frische Luft, trotzdem kann auch im Winter problemlos während kurzer Zeit ein Fenster geöffnet werden. Und im Sommer ist es oft sogar sinnvoll, die Lüftung ganz abzustellen, da sowieso häufig viele Fenster offen stehen. Ausnahme: Wenn Allergiker im Haus wohnen, ist es besser, die Fenster geschlossen zu halten und die Lüftung samt Pollenfilter laufen zu lassen.

Vorurteil 2 Die Rohre einer Komfortlüftung verschmutzen schnell und lassen sich schlecht reinigen.

Antwort: Da die Zuluft gefiltert und genügend trocken eingeblasen wird, gelangen so gut wie kein Staub und keine Feuchtigkeit in die Zuluftrohre. Entsprechend bleiben diese sauber. Staub setzt sich nur in den Abluftrohren ab, hat dort aber keine negative Wirkung. Fachleute empfehlen alle zehn Jahre die Rohre von einem Spezialisten reinigen zu lassen. Bei den in Einfamilienhäusern üblichen kurzen Rohrleitungen ist das kein Problem.

Vorurteil 3 Komfortlüftungen müssen laufend gewartet und kontrolliert werden.

Antwort: Ist die Anlage einmal einjustiert, haben Sie als Besitzer wenig damit zu tun. Je nach Wohnsituation haben Sie die Möglichkeit, die Luftmenge mit einem einfachen Schalter anzupassen. Etwa, um den Luftaustausch zu erhöhen, wenn Ihre Gäste rauchen. Ansonsten müssen Sie nur von Zeit zu Zeit die Filter austauschen.

Einige Geräte weisen darauf hin, bei anderen muss man den Tausch selber terminieren.

Vorurteil 4 Mit einer Komfortlüftung hat man die gleichen Probleme wie mit einer Klimaanlage: zu kalte Luft, Luftgeräusche etc.

Antwort: Eine Komfortlüftung ist keine Klimaanlage. Die Luft wird nicht gekühlt oder beheizt, sondern nur mit dem Wärmetauscher vorgewärmt. Zudem sind die Luftgeschwindigkeiten klein und in der Normalstellung ist kein Lüftungsgeräusch zu hören.

Vorurteil 5 Eine Komfortlüftung benötigt viel Strom.

Antwort: Moderne Lüftungsgeräte verbrauchen auf der mittleren Leistungsstufe etwa eine Kilowattstunde Strom pro Tag – gleich viel, wie wenn ein Haarföhn eine Stunde lang laufen würde.

Vorurteil 6 Mit einer Komfortlüftung ist die Raumluft im Winter sehr trocken.

Antwort: Moderne Lüftungsgeräte verfügen über einen sogenannten Entalphietauscher. Dieser überträgt die Feuchte der verbrauchten Luft auf die frische Zuluft. Dadurch wird der Trockenheit in den Räumen entgegengewirkt und die Werte sind mit denen unbelüfteter Häuser vergleichbar. Eine gute Möglichkeit ist auch eine Steuerung der Lüftung in Abhängigkeit vom CO_2-Gehalt. Dadurch wird die Luft nur ausgetauscht, wenn der Gehalt an CO_2 einen gewissen Grenzwert übersteigt. Gleichzeitig trocknet die Raumluft dank den kleineren Luftwechselzahlen weniger aus.

Die Finanzen

Eine umfassende energetische Sanierung kostet schnell einige Zehntausend Franken. Da gibt es ein paar Fragen zu klären: Wie lässt sich das Projekt finanzieren? Habe ich Anspruch auf Fördergelder? Welche Auswirkungen hat das Vorhaben auf die Steuerrechnung? Und nicht zuletzt: Lohnt sich die energetische Sanierung finanziell überhaupt?

Kosten und Nutzen einer energetischen Sanierung

Rechnet sich das denn? Diese Frage stellen sich Hausbesitzer schnell einmal, wenn sie sehen, wie viel die energetische Sanierung ihrer Liegenschaft kostet.

Eine einfache, abschliessende Antwort darauf existiert nicht. Ob sich die energetische Sanierung einer Liegenschaft rechnet, hängt von ganz verschiedenen Faktoren ab. Dazu zählen beispielsweise:

— **Energiepreise:** Die Entwicklung der Energiepreise schlägt sich direkt in der wirtschaftlichen Betrachtung einer energetischen Sanierung nieder. Je höher sie liegen, desto schneller lohnen sich die Investitionen in eine bessere Gebäudehülle und in ein sparsameres Heizsystem.

— **Kombination der Arbeiten:** Isolieren Sie die Fassade zu einem beliebigen Zeitpunkt, fallen die Kosten relativ hoch aus und amortisieren sich nicht innert nützlicher Frist. Lassen Sie die Isolationsarbeiten aber im Rahmen einer sowieso anstehenden Fassadenrenovation ausführen, sieht die Bilanz ganz anders aus. Denn die Kosten für die Arbeitsvorbereitung, das Gerüst und den Anstrich hätten Sie sowieso. Entsprechend fallen dann nur noch die Mehrkosten für die Isolation ins Gewicht.

— **Zinssätze für Geldanlagen:** Bezahlen die Banken tiefe Zinsen für Spargelder, fallen die Erträge, die Ihr Geld auf einem Konto bringt, klein aus. Entsprechend kann es sich lohnen, das gesparte Geld – wenn Sie es nicht für andere Zwecke beiseite gelegt haben – für eine energetische Sanierung zu verwenden und dafür von tieferen Heizkosten zu profitieren. Je nach Situation sind die eingesparten Beträge höher als der Zinsertrag des angelegten Geldes.

— **Finanzielle Beiträge:** Fördergelder, wie sie Bund, Kantone, Gemeinden und einzelne Energielieferanten ausschütten, beeinflussen die wirtschaftliche Bilanz einer Sanierung positiv (mehr dazu auf Seite 159).

— **Ausgangslage:** Bei einfachen, kubischen Gebäuden beispielsweise ist die Sanierung der Gebäudehülle wesentlich günstiger zu realisieren als bei einem Haus mit vielen Vor- und Rücksprüngen oder bei einem Objekt unter Denkmalschutz.

Die reine Amortisationszeit ist nur eine wirtschaftliche Betrachtungsweise für energetische Sanierungen. Wichtig zu wissen ist auch, dass die energietechnische Erneuerung einer Liegenschaft oft zu einer Wertsteigerung im Vergleich mit anderen Liegenschaften an derselben Lage führt. Gerade bei einem möglichen Wiederverkauf ein wichtiges Argument. Zudem ist ein sparsames Gebäude eine Absicherung gegen eine zu grosse Belastung des Haushaltsbudgets bei stark steigenden Energiepreisen (siehe Seite 35).

So rechnen sich energetische Massnahmen

Richtig geplant und kombiniert mit sowieso anfallenden Arbeiten, rechnen sich die Kosten für die energetische Sanierung einer Liegenschaft bei den aktuellen Energiepreisen. Das zeigen Untersuchungen des Architekturbüros Meier + Steinauer Partner AG, Zürich, und von TEP Energy, einem Spin-Off-Unternehmen der ETH Zürich. Die Spezialisten von TEP haben ausgerechnet, wie hoch die Mehrkosten ausfallen, wenn ein Dach oder eine Fassade nicht nur neu gestrichen oder eingedeckt, sondern im gleichen Zug vernünftig isoliert werden. Die Mehrkosten für die energetische Verbesserung haben sie in Relation zur eingesparten Energie gesetzt. So sieht man, ob die eingesparten Heizkosten und die zusätzliche finanzielle Belastung durch Verzinsung und Amortisation der Isolationsarbeiten sich mindestens die Waage halten.

Die Ergebnisse zeigen, dass sich beispielsweise eine 16 Zentimeter dicke Isolation der Fassade bei heutigen Energiepreisen sogar ohne Fördergelder rechnet, wenn das Isolationsmaterial im Rahmen einer sowieso anstehenden Erneuerung der Fassade angebracht wird. Werden die Fördergelder in die Rechnung einbezogen, fällt die Bilanz noch besser aus (siehe Beispiel 1 auf der nächsten Seite). Auch bei der Dämmung des Estrichbodens geht die Rechnung auf – falls man die Fördergelder von Bund und Kantonen einbezieht. Ohne Fördergelder liegt die Einsparung bei den derzeitigen Energiepreisen knapp tiefer als die Kosten für Amortisation und Verzinsung des eingesetzten Kapitals (siehe Beispiel 2, Seite 157).

Investitionen in eine bessere Dämmung lohnen sich gemäss diesen Untersuchungen auch bei den Fenstern. Wenn Sie beim sowieso anstehenden Tausch Fenster mit Dämmwerten einbauen, die besser sind als die gesetzlich vorgeschriebenen, halten sich die Mehrkosten und die tieferen Energiekosten in den meisten Fällen sogar ohne Einbezug der Fördergelder die Waage. Werden Fördergelder beantragt, lohnt sich selbst der Einbau von Topfenstern nach Minergie-Standard (siehe auch Seite 158).

Die Untersuchungen zur Wirtschaftlichkeit zeigen, dass sich grössere Isolationsstärken als die heute üblichen 16 Zentimeter in vielen Fällen ebenfalls rechnen (siehe Tabelle auf Seite 156). Es lohnt sich deshalb, bei einer sowieso geplanten energetischen Sanierung auf möglichst gute Dämmwerte zu setzen (zum Beispiel gemäss den Minergie-Modulen, siehe Seite 141). Neben der Isolationsstärke spielt dabei auch die Wärmeleitfähigkeit des Dämmmaterials eine wichtige Rolle (Lambda-Wert, siehe Glossar im Anhang). Dieser Wert sollte möglichst tief liegen. Dadurch lässt sich bei gleicher Dämmstärke ein besserer Effekt erzielen.

Die folgenden zwei Berechnungsbeispiele von typischen Massnahmen zur energetischen Sanierung zeigen die Kostenbilanz der Arbeiten ohne und mit Einbezug von eventuellen Fördergeldern und Steuerabzügen. Mehr zu den Fördergeldern lesen Sie auf Seite 159.

Beispiel 1: Fassadendämmung

Ausgangslage: Die Fassade ist verschmutzt, an verschiedenen Stellen ist der Verputz abgeplatzt – eine Erneuerung steht an. Die Kosten für das Gerüst, die Ausbesserung und den Neuanstrich betragen 70 bis 80 Franken pro Quadratmeter Fassade. Wie wirkt sich eine zusätzliche Isolation finanziell aus?

— Sanierungskosten ohne Einbezug von Fördergeldern und Steuerabzügen:
  — Mehrkosten für das Anbringen einer Isolation (Kompaktfassade) von 18 bis 20 cm Dicke: Fr. 140.– bis Fr. 150.–/m² Fassade
  — Jährliche Kosten für Abschreibung (30 Jahre) und Verzinsung (3,5 % real, ca. 4,5 % nominal) der Mehrkosten: Fr. 6.70/m² Fassade

— Sanierungskosten mit Einbezug von Fördergeldern und Steuerabzügen (Förderbeitrag: Fr. 40.–/m² Fassade, nur bei einem U-Wert ≤ 0,20 W/m²K; Steuerersparnis: 20 % der Investitionskosten):
  — Mehrkosten für das Anbringen einer Isolation (Kompaktfassade) von 18 bis 20 cm Dicke: Fr. 60.– bis Fr. 70.–/m² Fassade
  — Jährliche Kosten für Abschreibung (30 Jahre) und Verzinsung (3,5 % real) der Mehrkosten: Fr. 2.80/m² Fassade

— Einsparung dank der Isolation:
  — Bei einem Energiepreis von Fr. 80.–/100 l Heizöl oder Fr. 0.08/kWh Gas spart die Fassadenisolation Fr. 6.70.–/m² Fassade.
  — Bei einem Energiepreis von Fr. 100.–/100 l Heizöl oder Fr. 0.10/kWh Gas spart die Fassadenisolation Fr. 8.20.–/m² Fassade.

Fazit: Bei den aktuellen Energiepreisen halten sich die Mehrkosten für die Isolation und die eingesparten Energiekosten auch ohne För-

Welche Dämmstärke rechnet sich?

Umfang der Arbeiten an der Fassade	U-Wert Fassade	Jährliche Kosten pro m² Fassade (Amortisation und Verzinsung)*
Instandsetzung	0,95	Fr. 4.10
Isolation 12 cm Dicke	0,27	Fr. 10.20
Isolation 14 – 16 cm Dicke	0,23	Fr. 10.50
Isolation 18 – 20 cm Dicke	0,20	Fr. 6.60 *

U-Wert siehe Glossar im Anhang

Quellen: Meier + Steinauer Partner AG; TEP Energie; Stiftung Klimarappen

dergelder die Waage. Steigen die Energiekosten an, entsteht sogar ein leichtes Plus für die isolierte Fassade. Können Sie Fördergelder und Steuereinsparungen mit in die Rechnung einbeziehen, resultiert ein anständiges Plus von Fr. 3.90 bis Fr. 5.40 pro Quadratmeter Fassade und Jahr.

Wie dick soll die Isolation sein? Antwort auf diese Frage gibt die obenstehende Tabelle. Wird die Fassade nur instand gesetzt, betragen die jährlichen Kosten pro Quadratmeter für Investition, Amortisation, Verzinsung und Energieverbrauch bei einem Ölpreis von 80 Franken pro 100 Liter Fr. 12.70. Wird zusätzlich zwischen 12 und 20 cm dick isoliert, sind die Jahreskosten mit Fr. 12.60 praktisch gleich hoch. Steigen die Energiepreise hingegen, kommt die Variante ohne Isolation teurer zu stehen.

Die Berechnungen zeigen aber auch klar, dass eine dickere Isolation bis zu 20 Zentimetern keine nennenswerten Mehrkosten verursacht. Dank den Förderbeiträgen ergibt sich für diese Variante ein klares Plus von 4 bis 5 Franken pro Quadratmeter Fassade.

Bei Fr. 80.–/100 l Heizöl oder Fr. 0.08/kWh Gas		Bei Fr. 100.–/100 l Heizöl oder Fr. 0.10/kWh Gas	
Energie-kosten pro m² Fassade	Total jährliche Kosten für Fassade und Energieverbrauch	Energie-kosten pro m² Fassade	Total jährliche Kosten für Fassade und Energieverbrauch
Fr. 8.60	Fr. 12.70	Fr. 10.50	Fr. 14.60
Fr. 2.40	Fr. 12.60	Fr. 3.00	Fr. 13.10
Fr. 2.10	Fr. 12.60	Fr. 2.50	Fr. 13.10
Fr. 1.80	Fr. 8.40	Fr. 2.20	Fr. 8.80

* Inkl. Förderbeitrag von Fr. 40.–/m² Fassade (nur bei U-Wert ≤ 0,20) und Steuerersparnis von 20 % der Investitionskosten

Beispiel 2: Dämmung des Estrichbodens

Ausgangslage: Im Estrich stehen an sich keine Erneuerungsarbeiten an. Aus energetischen Gründen wird der Estrichboden 16 Zentimeter dick gedämmt und mit einem neuen Bodenbelag versehen.

— Kosten ohne Einbezug von Fördergeldern und Steuerabzügen:
  — Kosten für Räumung des Estrichs, Anbringen der Dämmung und Verlegen eines neuen Bodenbelags:
  Fr. 100.– bis Fr. 130.–/m² Boden
  — Jährliche Kosten für Abschreibung (50 Jahre) und Verzinsung (3,5 % real): Fr. 4.20 bis Fr. 5.50.–/m² Boden

— Kosten mit Einbezug von Fördergeldern und Steuerabzügen (Förderbeitrag: Fr. 15.–/m² Boden, nur bei einem U-Wert 0,25; Steuerersparnis: 20 % der Investitionskosten):
  — Kosten für Räumung des Estrichs, Anbringen der Dämmung und Verlegen eines neuen Bodenbelags:
  Fr. 65.– bis Fr. 90.–/m² Boden
  — Jährliche Kosten für Abschreibung (50 Jahre) und Verzinsung (3,5 % real): Fr. 2.70 bis Fr. 3.80/m² Fassade

— Einsparung dank der Isolation:
  — Bei einem Energiepreis von Fr. 80.–/100 l Heizöl oder
  Fr. 0.08/kWh Gas spart die Isolation Fr. 5.20.–/m² Boden.
  — Bei einem Energiepreis von Fr. 100.–/100 l Heizöl oder
  Fr. 0.10/kWh Gas spart die Isolation Fr. 6.50/m² Boden.

Fazit: Wenn Sie keine Fördergelder beziehen, rechnet sich die Isolation des Estrichbodens bei den aktuellen Energiepreisen knapp nicht; steigen die Energiepreise aber nur leicht an, resultiert bereits ein anständiges Plus. Beziehen Sie Fördergelder und Steuereinsparungen in die Rechnung ein, rentiert die Isolation auch bei tiefen Energiekosten; das Plus beträgt Fr. 1.40 bzw. Fr. 3.80 pro Quadratmeter Bodenfläche und Jahr.

Hochdämmende Fenster: im Endeffekt günstiger

Mit dem aktuellen Gebäudeprogramm des Bundes (siehe nächste Seite) werden Fenster mit einem U-Wert des Glases von 0,7 oder tiefer gefördert. Solche Fenster kosten zwar pro Quadratmeter Fensterfläche 60 bis 80 Franken mehr – doch sie rechnen sich. Bezieht man die eingesparten Energiekosten, die Fördergelder von 70 Franken pro Quadratmeter Fensterfläche und die Steuereinsparungen (20 Prozent der Investitionskosten) mit ein, resultiert bereits bei einem Ölpreis von 80 Franken pro 100 Liter ein jährlicher Gewinn von Fr. 3.70 pro Quadratmeter Fensterfläche. Steigt der Ölpreis auf 100 Franken, kommen hochdämmende Fenster pro Quadratmeter und Jahr gar Fr. 4.30 günstiger zu stehen.

Finanzielle Unterstützung durch die öffentliche Hand

Mit der Sanierung von Gebäuden lässt sich das für die Umwelt schädliche CO_2 besonders leicht reduzieren. Deshalb fördert der Bund Massnahmen zur Reduktion des Energieverbrauchs von Gebäuden. Im Vordergrund steht die Verbesserung der Gebäudehülle.

Wenn Sie Ihr Haus energetisch sanieren, können Sie aber nicht nur auf Fördergelder des Bundes zurückgreifen, sondern auch auf die finanzielle Unterstützung von Kantonen, Gemeinden und Energielieferanten (siehe Seite 163). Viele Förderprogramme berücksichtigen auch alternative Heizsysteme oder Sonnenkollektoren für die Aufbereitung von warmem Wasser.

Fördergelder vom Bund

Seit Januar 2010 wird aufgrund eines Parlamentsbeschlusses ein Teil des Geldes, das durch die CO_2-Abgabe auf fossilen Brennstoffen zusammenkommt, für die Förderung der energetischen Sanierung von Gebäuden genutzt. Zwischen 280 und 300 Millionen Franken stehen jährlich zur Verfügung. Diese Aktion, die unter dem Titel «Das Gebäudeprogramm» vermarktet wird, läuft vorerst bis ins Jahr 2019. Anders als beim Vorgängerprogramm, dem Gebäudeprogramm der Stiftung Klimarappen, werden auch einzelne Sanierungsmassnahmen – etwa der Austausch von Fenstern oder die Isolation der Fassade, des Daches oder der Kellerdecke – finanziell unterstützt (siehe Kasten auf Seite 161).

Die Höhe der ausgezahlten Beiträge ist nicht unerheblich, das zeigt das Beispiel auf der nächsten Seite. Je nach Bauteil und Vorgehensweise sind bis zu 30 Prozent der Kosten gedeckt. Die Verteilung der Gelder erfolgt über den Standortkanton der Liegenschaft.

Besonders hoch fallen die Förderbeiträge aus, wenn Sie Ihr Haus nach dem Minergie-Standard sanieren (siehe Seite 135). Verschiedene Kantone, Städte und Gemeinden stocken dann nämlich die vom Förderprogramm bereitgestellten Beiträge nochmals auf. Ob das auch im Standortkanton Ihrer Liegenschaft der Fall ist, sehen Sie auf der Webseite www.dasgebaeudeprogramm.ch.

Antonio C. besitzt ein **Einfamilienhaus** (Baujahr 1980) mit Flachdach, zwei Wohngeschossen und einem unbeheizten Kellergeschoss. Die beheizte Wohnfläche beträgt 140 Quadratmeter, die Fensterfläche 20 Quadratmeter. Er hat folgende Förderbeiträge zugut:

- Beitrag an den Austausch der Fenster:
  20 m^2 × Fr. 70.–/m^2 Fr. 1 400.–
- Beitrag an die Isolation der Fassade und
  des Flachdachs:
  270 m^2 × Fr. 40.–/m^2 Fr. 10 800.–
- Beitrag an die Isolation der Kellerdecke:
  70 m^2 × Fr. 15.–/m^2 Fr. 1 050.–

Total Förderbeitrag (ohne Zusatzförderung von Kanton oder Gemeinde und ohne mögliche Steuereinsparungen)   Fr. 13 250.–

Die Voraussetzungen für eine Förderung Damit Sie Anrecht auf die Fördergelder aus dem Gebäudeprogramm und eventuelle zusätzliche Fördermittel Ihres Wohnkantons haben, müssen einige Bedingungen erfüllt sein:

- Die Liegenschaft muss vor dem Jahr 2000 erstellt worden sein.

- Die Förderbeiträge gelten nur für beheizte Gebäudeteile. Ausnahme: Bauen Sie den Estrich zu einem beheizten Wohnraum aus, wird die Dämmung des Daches ebenfalls gefördert.

Das wird vom Gebäudeprogramm gefördert

Massnahme	Bedingungen	Fördergeld (ohne Auf-stockung durch Kantone und Gemeinden)
Austausch von Fenstern	U-Wert Glas $\leq 0{,}70$ W/m²K, Glasabstandhalter aus Kunststoff/Edelstahl	Fr. 70.–/m²
Isolation von Wand, Dach oder Boden gegenüber dem Aussenklima oder dem Erdreich	U-Wert gesamt $\leq 0{,}20$ W/m²K	Fr. 40.–/m²
Isolation von Wand, Dach oder Boden gegenüber unbeheizten Räumen (zum Beispiel Keller)	U-Wert gesamt $\leq 0{,}25$ W/m²K	Fr. 15.–/m²

Detaillierte Infos zu den Förderbeiträgen und zu eventuellen Einschränkungen finden Sie unter www.dasgebaeudeprogramm.ch.

— Bauteile, die bereits früher vom Bund oder durch den Klimarappen gefördert wurden, können nicht noch einmal berücksichtigt werden.

— Der Förderbeitrag pro Gesuch muss mindestens 1000 Franken betragen: Für ein einzelnes Fenster oder die Isolation eines kleinen Vordachs werden also keine Beiträge bezahlt.

— Das Gesuch muss vor Baubeginn eingereicht werden. Starten Sie mit den Arbeiten vor der Zusage der Fördergelder, tragen Sie das Risiko, unter Umständen keine finanziellen Beiträge zu erhalten.

So kommen Sie zu den Geldern

Damit Sie in vollem Umfang von den Fördergeldern profitieren können und nicht das Risiko tragen, am Schluss leer auszugehen, ist es wichtig, dass Sie in der richtigen Reihenfolge vorgehen:

1. Erstellen Sie zuerst – wenn nötig zusammen mit Fachleuten – eine Gesamtplanung für die energetische Sanierung Ihres Hauses (siehe auch Seite 45).

2. Prüfen Sie, von welchen Fördergeldern Ihr Projekt profitieren könnte. Was am Standort Ihrer Liegenschaft genau gefördert wird, erfahren Sie im Internet unter www.energiefranken.ch.

3. Klären Sie bei den auf der Webseite genannten Behörden und Unternehmen ab, ob und unter welchen Vorraussetzungen Ihnen die Fördergelder zustehen.

4. Füllen Sie die nötigen Anträge aus und reichen Sie sie ein. Das Antragsformular für die Beiträge des Gebäudeprogramms und des Standortkantons finden Sie unter www.dasgebaeudeprogramm.ch. Die anderen Antragsformulare erhalten Sie direkt von den jeweiligen Förderstellen oder können Sie auf deren Webseite herunterladen. Bei etwas grösseren energetischen Sanierungen ist es besser, wenn der von Ihnen beauftragte Planer das Ausfüllen der Anträge übernimmt, da dafür einiges an Fachwissen nötig ist.

5. Sobald die Zusage für die Fördergelder eingetroffen ist, können Sie mit den Arbeiten starten. Beeilen müssen Sie sich damit aber nicht, da die Zusage eine Gültigkeit von zwei Jahren hat.

6. Lassen Sie die projektierten Arbeiten ausführen und füllen Sie danach die Ausführungsbestätigung aus. Sobald Sie diese eingereicht haben, werden Ihnen die Fördergelder überwiesen.

> Da die Förderzusage zwei Jahre gültig ist, können Sie die Arbeiten während dieser Zeit auch gut etappieren. Die Fördergelder erhalten Sie aber erst nach Abschluss des letzten Arbeitsschritts und der Einreichung der Ausführungsbestätigung. Bei umfangreichen Sanierungsarbeiten haben Sie auch die

Möglichkeit, die Anträge etappenweise zu stellen, da das gesamte Förderprogramm bis 2019 läuft. So erhalten Sie nach jeder Etappe den jeweiligen Beitrag ausgezahlt.

Fördergelder von Kantonen, Gemeinden und Energielieferanten

Die Kantone sind nicht nur für die Verteilung der Gelder aus dem Gebäudeprogramm des Bundes zuständig, sondern haben oft auch eigene Förderprogramme. Diese erhöhen entweder die Beiträge des Bundes oder unterstützen Massnahmen, die vom Bund nicht gefördert werden. Die Palette reicht von Sanierungen nach Minergie-Standard über Sonnenkollektoren und Wärmepumpen bis hin zum Ersatz von energiefressenden Elektroheizungen.

So fördert beispielsweise der Kanton Zürich Sanierungen nach Minergie-Standard, die Stadt Zürich bezahlt Beiträge an Sonnenkollektoren, die Stadt Bern unterstützt die Sanierung der Gebäudehülle und die Stadt Luzern bezahlt Beiträge an Sonnenkollektoren sowie Ökostromanlagen.

Welche Beiträge im Standortkanton Ihrer Liegenschaft ausgerichtet werden, erfahren Sie durch Eingabe der Postleitzahl auf der Webseite www.energiefranken.ch. Von dort führen Sie direkte Links zum richtigen Bereich auf der Internetseite des zuständigen Kantons.

Weitere Fördergelder Neben dem Bund und den Kantonen verfügen auch Gemeinden sowie Energieversorgungsunternehmen über kleinere Förderprogramme. So gelangen etwa Kunden bestimmter Gaslieferanten in den Genuss einer finanziellen Unterstützung, wenn sie die Warmwasserversorgung mit einem Sonnenkollektor unterstützen. Und verschiedene Gemeinden fördern alternative Heizanlagen oder den Anschluss an ein Fernwärmenetz (siehe Kasten auf der nächsten Seite). Ob und in welchem Umfang in der Standortgemeinde Ihrer Liegenschaft solche Förderbeiträge verfügbar sind, erfahren Sie im Internet unter www.energiefranken.ch.

Viele Förderprogramme sind aufeinander abgestimmt und die Beiträge können kumuliert werden. Vereinzelt schliessen sich Fördergelder aber auch gegenseitig aus. Deshalb ist es wichtig, dass Sie die Bedingungen der einzelnen Förderprogramme genau ansehen und, falls Ausschlusskriterien bestehen, dasjenige wählen, das den höheren Beitrag bezahlt. In der Regel können Ihnen die Fachleute der Energieberatungsstelle Ihres Kantons weiterhelfen.

Förderbeispiele von Kantonen, Gemeinden und Energieversorgern

— Kanton Baselland: Sonnekollektoranlagen werden pauschal mit 1000 Franken gefördert. Dazu kommen weitere 200 Franken pro Quadratmeter Kollektorfläche.

— Kanton Glarus: Der Kanton übernimmt bei Holzheizanlagen in Einfamilienhäusern 10 Prozent der Erstellungskosten, maximal aber 1500 Franken.

— Kanton Schaffhausen: Der Anschluss eines Einfamilienhauses an ein Fernwärmenetz wird mit 3700 Franken gefördert.

— Kanton Solothurn: Bei der Sanierung eines Einfamilienhauses nach Minergie erhalten Hausbesitzer pauschal 20 000 Franken.

— Stadt Zürich: Sonnenkollektoranlagen bis 200 Quadratmeter Grösse werden mit 300 Franken pro Quadratmeter Kollektorfläche unterstützt.

— Energie und Wasser Bern (Energieversorger): Sonnekollektoranlagen erhalten einen Förderbeitrag von 280 Franken pro Quadratmeter Kollektorfläche.

Detaillierte Informationen zu allen Kantonen sowie Adressen der Ansprechpartner finden Sie im Internet im laufend aktualisierten Dokument «Finanzielle Förderung» auf www.energie-schweiz.ch.

Das Sanierungsprojekt finanzieren

Sie kennen die Kosten und wissen nun, mit welchen Fördergeldern für Ihr Projekt Sie rechnen können. Jetzt geht es darum, abzuklären, aus welchen Geldquellen Sie den restlichen Betrag finanzieren wollen. Kleinere Vorhaben werden oft aus der eigenen Tasche bezahlt. Einerseits, weil vorausschauende Hauseigentümer dafür über Jahre Rücklagen gebildet haben, anderseits weil Banken bei Beträgen unter 20 000 Franken nur ungern einen neuen Hypothekarkredit vergeben (ausser man hat die Möglichkeit, die bestehende Hypothek aufzustocken).

Für umfangreichere energetische Sanierungen läuft die Finanzierung im üblichen Rahmen ab: Ein Teil des Geldes kommt aus Ihren eigenen Mitteln und allfälligen Fördergeldern, der andere Teil als Fremdkapital von einem Finanzinstitut (Bank, Versicherer etc.). Üblicherweise verlangt die Bank, dass Sie mindestens 20 Prozent der Sanierungskosten selbst aufbringen (Eigenkapital), die restlichen 80 Prozent deckt ein Hypothekarkredit. Ausnahmen von dieser Regel gibt es bei einigen Ökohypotheken, bei denen gewisse Banken eine höhere Belehnung akzeptieren, sodass Sie weniger Eigenkapital einbringen müssen (siehe Seite 169).

Zur Prüfung Ihres Kreditgesuchs bewertet die Bank Ihre Liegenschaft und eruiert, um wie viel der Wert durch die Sanierung zunimmt. Vergeben wird die Hypothek dann nur im Rahmen dieser Wertsteigerung. Anders gesagt: Hat Ihre Sanierung nur werterhaltenden Charakter, werden Sie von der Bank kein zusätzliches Geld erhalten – ausser Sie haben den Kreditrahmen Ihrer Hypothek noch nicht voll ausgeschöpft.

Ist die Sanierung finanziell tragbar?

Grössere Sanierungsprojekte wird die Bank nur mitfinanzieren, wenn sie Sie als kreditwürdig einstuft. Eine Faustregel besagt, dass die Belastung durch eine Immobilie nicht mehr als einen Drittel des Bruttoeinkommens ausmachen darf. Aufgrund dieser Regel wird die Bank eine Tragbarkeitsrechnung anstellen. Dabei wird eruiert, wie hoch Ihre monatliche Belastung nach der Sanierung sein wird und in welchem Verhältnis diese Belastung zu Ihrem Bruttoeinkommen steht. Geht die Tragbarkeitsrechnung auf, ist die Liegenschaft für Sie auch nach der Sanierung tragbar. Je kleiner dieser Überschuss allerdings ausfällt, desto schwieriger kann es sein, eine Hypothek zu erhalten.

> Sie selbst können eine solche Tragbarkeitsrechnung einfach vornehmen. Viele Finanzinstitute bieten im Internet automatische Tragbarkeitsrechner an. Dort setzen Sie Ihre Zahlen ein (Total nach Sanierung) und wissen gleich, ob Sie sich Ihr Eigenheim auch nach der Sanierung leisten können.

Das Eigenkapital

Ob kleine oder grosse Sanierung: Ohne Eigenkapital geht nichts. Wobei diese Bezeichnung irreleiten kann. Damit ist nicht nur das Geld auf Ihrem Bankkonto oder aus dem Verkauf von Wertschriften gemeint. Dies sind weitere übliche Quellen, aus denen das benötigte Eigenkapital aufgebracht werden kann:

— Vorbezug oder Verpfändung von Pensionskassenguthaben oder von Guthaben der Säule 3a

— Erbvorbezug oder Schenkungen

— Private Darlehen (je nachdem, von wem das Geld kommt und ob es verzinst und in einer gewissen Frist zurückgezahlt werden muss, wird die Bank die Summe möglicherweise nicht zum Eigen- sondern zum Fremdkapital rechnen)

Tragbarkeitsrechnung für eine Sanierung

Ausgangslage

Kaufpreis der Liegenschaft	Fr. 580 000.–
Eigene Mittel in der Liegenschaft	Fr. 80 000.–
Privates Darlehen (Zins 1,5 %)[1]	Fr. 50 000.–
1. Hypothek (Zins 4,5 %)[2]	Fr. 377 000.–
2. Hypothek (Zins 5,5 %)[2]	Fr. 73 000.–
Bisherige Jahreskosten: Zinsen, Rückzahlung Darlehen, Amortisation 2. Hypothek und Nebenkosten	Fr. 36 200.–

Situation nach der Sanierung

Kosten der Sanierung	Fr. 85 000.–	
Eigene Mittel	– Fr. 10 000.–	
Fördergelder der öffentlichen Hand	– Fr. 10 000.–	
1. Hypothek (maximal 65 % der Gesamtkosten)	Fr. 55 000.–	
2. Hypothek (maximal 15 % der Gesamtkosten)	Fr. 10 000.–	
Jahreskosten der Sanierung		
– Zins 1. Hypothek (4,5 %)[2]	Fr. 2 500.–	
– Zins 2. Hypothek (5,5 %)[2]	Fr. 550.–	
– Amortisation 2. Hypothek in 20 Jahren	Fr. 500.–	
– Nebenkosten (1 %[3] von 2/3 der Sanierungskosten[4])	Fr. 600.–	Fr. 4 150.–
Total Jahreskosten nach Sanierung		**Fr. 40 350.–**

Ist die Liegenschaft noch tragbar?

33 % vom jährlichen Bruttoeinkommen (Fr. 130 000.–)	Fr. 42 900.–
– Total Jahreskosten	– Fr. 40 350.–
Überschuss	**Fr. 2 550.–**

[1] Abhängig von der Abmachung mit Darlehensgeber

Alle Zahlen gerundet

[2] Die Banken rechnen mit langfristigen Durchschnittszinssätzen.

[3] Mit dem Wert einer Liegenschaft steigen meist auch die Nebenkosten. Eine energetische Sanierung bringt aber Einsparungen bei der Heizenergie, was die Nebenkosten wiederum reduziert. Daher setzen einige Banken etwa bei nach Minergie-Standard sanierten Häusern für die Nebenkosten statt 1 % nur 0,75 % ein.

[4] Ist noch unklar, wie hoch die Wertsteigerung ausfallen wird, rechnen verschiedene Banken bei Umbauten und Sanierungen rund zwei Drittel der Gesamtkosten als wertvermehrend an.

Ausführliche Informationen zur Finanzierung von Wohneigentum finden Sie im Beobachter-Ratgeber «Der Weg zum Eigenheim. Kauf, Bau, Finanzierung und Unterhalt» (www.beobachter.ch/buchshop).

Spezialhypotheken für energetische Sanierungen

Dimitri und Natalia C. haben sich für die Sanierung ihres Einfamilienhauses nach Minergie-Standard entschieden – obwohl sie dadurch finanziell ziemlich an ihre Grenzen kommen. Umso erfreuter sind die beiden, als ihnen der Bankberater eine Ökohypothek vorschlägt. Auf dem Kreditbetrag von 250 000 Franken erhalten sie fünf Jahre lang eine Zinsvergünstigung von 0,5 Prozent. Damit wird ihr Engagement für die Umwelt immerhin mit 6250 Franken belohnt.

Die Zahl der Bauherren, die energiesparende Häuser bauen oder energetische Sanierungen vornehmen, nimmt stetig zu. Daher ist diese Klientel mittlerweile auch für die Finanzinstitute interessant geworden. Viele Banken bieten Öko-, Nachhaltigkeits- oder Minergie-Hypotheken an – im Gegensatz zu den Versicherern, die auf diesen Zug noch nicht aufgesprungen sind. Die Spezialhypotheken lassen sich in zwei Sparten einteilen.

Hypotheken mit Zinsvergünstigung Dies ist die üblichste Art einer Ökohypothek: Die Bank gewährt eine Reduktion auf dem ausgeschriebenen Basiszinssatz der Hypothek. Meist hat der Schuldner die Wahl zwischen einer variablen oder einer Festhypothek. Die Vergünstigungen bewegen sich je nach Bank und energetischem Baustandard zwischen 0,4 und 1 Prozent. Bei allen Banken wird die Vergünstigung aber nicht auf dem vollen Hypothekarbetrag gewährt, sondern auf einem definierten Maximalbetrag. Ausserdem ist sie jeweils auf eine bestimmte Laufzeit beschränkt.

Hypotheken mit besseren Rahmenbedingungen Bei dieser Finanzierungsform ist beispielsweise die Belehnungsgrenze höher als im Normalfall. Konkret heisst das: Statt wie üblich maximal 80 Prozent gewährt die Bank etwa für ein Minergie-Haus eine Höchstbelehnung von bis zu 85 Prozent. Oder anders ausgedrückt: Der Bauherr muss im besten Fall statt mindestens 20 nur noch 15 Prozent Eigenkapital beisteuern – und spart so Geld, das in die energetischen Massnahmen investiert werden kann. Zur Verbesserung der Rahmenbedingungen trägt auch bei, dass in der Tragbarkeitsrechnung für die Nebenkosten ein tieferer Betrag eingesetzt wird als bei Normalbauten (siehe Beispiel auf Seite 167). Dadurch sinkt in dieser Rechnung die jährliche Belastung und das Haus ist auch mit etwas weniger Einkommen tragbar – der Schuldner für die Bank also eher kreditwürdig.

Ökohypotheken sind nicht die einzigen vergünstigten Hypotheken. Diverse andere Modelle beinhalten ähnliche Zinsvergünstigungen. Vergleichen Sie also immer sämtliche Angebote miteinander. Es kann beispielsweise sein, dass eine andere Hypothek zwar für kürzere Zeit verbilligt wird, dafür aber auf dem ganzen Kreditbetrag und so schliesslich doch günstiger ausfällt als eine Minergie-Hypothek. Prüfen sollten Sie ausserdem, ob – gerade in der heutigen Zinssituation – langfristig nicht vielleicht eine andere Hypothek oder eine mit längeren Laufzeiten günstiger ausfallen könnte.

Die Bedingungen der Banken Den meisten Ökohypotheken ist eins gemeinsam: Es gibt sie nur für Objekte, die mindestens den Minergie-Standard aufweisen. Damit man eine konkrete Offerte für eine Ökohypothek erhält, reicht in einem ersten Schritt ein provisorisches Zertifikat oder ein Baubeschrieb aus dem hervorgeht, dass der Minergie-Standard erreicht wird (siehe Seite 145). Natürlich wird im Hypothekarvertrag jeweils die Einschränkung verankert, dass das definitive Zertifikat innerhalb einer bestimmten Frist nachgereicht werden muss. Ob es sich um einen Minergie-Neubau handelt oder ob der Bauherr sein bestehendes Haus umfassend saniert und damit den Minergie-Standard erreicht, ist für die Banken einerlei: In beiden Fällen kommt man zur günstigeren Ökohypothek.

Daneben existieren auch Hypothekarangebote, die explizit für Renovationen oder Sanierungen gedacht sind, die energetische Verbesserungen bringen. Hier bewegen sich die Vergünstigungen zwar in einem kleineren Rahmen, dafür ist aber auch nicht der Minergie-Standard Bedingung, sondern nur der Nachweis, dass mit der Renovation energetische Verbesserungen erreicht werden konnten. Das kann beispielsweise eine besser isolierte Hausfassade oder der Einbau einer neuen, klimafreundlichen Heizung sein.

Die steuerlichen Aspekte

Aus steuerlicher Sicht gibt es eine gute und eine schlechte Nachricht für Hausbesitzer, die ihre Liegenschaft energetisch sanieren möchten. Die schlechte Nachricht: Energetische Sanierungen führen im Normalfall zu einer Wertsteigerung des Eigenheims und das schlägt sich in der Steuerrechnung negativ nieder. Denn damit steigt der Eigenmietwert der Liegenschaft, der jeweils zum Einkommen dazugeschlagen wird. Die gute Nachricht: Investitionen in energiesparende Massnahmen dürfen bei den Steuern abgezogen werden.

Mit einer geschickten Planung und einem Blick auf mögliche Änderungen der gesetzlichen Vorgaben können Sie Ihre Steuerrechnung optimieren.

Abzüge in der Steuererklärung

Neben den üblichen Verwaltungskosten sind auch sämtliche Investitionen für werterhaltende Massnahmen in der Steuererklärung abzugsberechtigt – also etwa der Neuanstrich der Fassade oder der Ersatz der alten Fenster durch gleichwertige neue. Zur Wahl stehen dabei zwei Varianten: entweder ein Pauschalabzug oder – falls die Pauschale überschritten wird – ein Abzug in Höhe der tatsächlichen Ausgaben.

> **Q** Die Pauschalen sind je nach Kanton unterschiedlich hoch. Viele Kantone wenden folgende Regel an: Für Liegenschaften, die weniger als zehn Jahre alt sind, kann ein Pauschalabzug von zehn Prozent des Eigenmietwerts gemacht werden, für ältere ein Abzug von 20 Prozent.

Streichen Sie nun aber nicht nur die Fassade neu, sondern isolieren Sie sie gleich noch besser oder ersetzen Sie die alten Fenster durch moderne Isolationsfenster, haben diese Massnahmen eine Wertsteigerung Ihres Objekts zur Folge. Und der wertvermehrende Teil der Investition (Kosten für die Isolation, Mehrpreis für Fenster mit besserer Wärmedämmung) wäre gemäss Gesetz nicht abzugsberechtigt. Doch der Gesetzgeber macht hier eine Ausnahme: Investitionen in Massnahmen, die dem Energiesparen oder dem Umweltschutz dienen, können – trotz wertvermehrendem Charakter – vom steuerbaren Einkommen in Abzug gebracht werden. Diese Regelung gilt für die Bundessteuer und in den meisten Kantonen auch für die Staatssteuer.

Achtung Dumont-Praxis Wenn Sie einen Altbau in vernachlässigtem Zustand gekauft haben und diesen sanieren möchten, machen Sie unter Umständen Bekanntschaft mit der Dumont-Praxis: Die Steuerbehörde lehnt während der ersten fünf Jahre nach dem Kauf Abzüge für Unterhaltsarbeiten ab. Und auch bei Investitionen in Massnahmen für Energiesparen und Umweltschutz dürfen statt 100 Prozent der Kosten möglicherweise nur 50 Prozent geltend gemacht werden.

Bei der direkten Bundessteuer ist die Dumont-Praxis zwar seit Januar 2010 abgeschafft, die Kantone haben aber bis 1. Januar 2012 Zeit, ihre Gesetzgebung anzupassen.

Die meisten Steuerämter publizieren im Internet Listen, die aufzeigen, wann welche Abzüge geltend gemacht werden können. Fragen Sie unbedingt nach, ob die Dumont-Praxis noch angewandt wird. Je nachdem lohnt es sich, eine Sanierung um ein, zwei Jahre zu verschieben.

Und in Zukunft? Bei der Besteuerung von Wohneigentum könnte es mittelfristig zu Änderungen kommen. Der Bundesrat hat einen indirekten Gegenvorschlag zur sogenannten Zwillingsinitiative des Hauseigentümerverbands ausgearbeitet, der einen Systemwechsel bedeuten würde: Der Bundesrat möchte den Eigenmietwert und damit auch dessen Besteuerung abschaffen. Gleichzeitig sollen aber auch die Abzüge der Hypothekarzinsen wegfallen – ausser während einer befristeten Zeit nach dem Ersterwerb –, ebenso der Abzug der Kosten für werterhaltenden Unterhalt. Hingegen sollen für Energiespar- und Umweltschutzmassnahmen nach wie vor Abzüge möglich sein. Wie es diesbezüglich weitergeht, wird voraussichtlich nicht vor 2012 klar sein.

Die Sanierung steuerlich clever planen

Wenn Sie den Zeitpunkt der Sanierung richtig planen, lassen sich unter Umständen viel Steuern sparen – vor allem bei grösseren Projekten. Übersteigen nämlich die abzugsberechtigten Aufwendungen Ihr steuerbares Einkommen, können Sie nicht alle Kosten geltend machen. Aufwendige Sanierungen sollten Sie deshalb so legen, dass sie den Jahreswechsel einschliessen. Dann können Sie die Abzüge auf zwei Steuerperioden verteilen.

In welcher Steuerperiode die Aufwendungen abzugsberechtigt sind, ist kantonal unterschiedlich geregelt. Beim Bund und in vielen Kantonen ist der Zeitpunkt der Rechnungsstellung massgebend. Andere Kantone, etwa Zürich, lassen den Steuerpflichtigen die Wahl zwischen dem Datum der Rechnungsstellung oder der Bezahlung. Fragen Sie beim Steueramt nach der örtlichen Regelung.

Noemi und Uwe W. haben ihr vor 15 Jahren gekauftes Einfamilienhaus renoviert und gleichzeitig energetisch saniert. Die steuerlich absetzbaren Kosten belaufen sich auf 150 000 Franken. Das steuerbare Einkommen des Ehepaars beträgt 100 000 Franken. Wenn die W.s nun sämtliche Kosten im gleichen Jahr geltend machen, verlieren sie sozusagen 50 000 Franken an steuerlichen Abzügen. Mit der Architektin haben sie deshalb vereinbart, dass im einen Jahr Rechnungen über 100 000 Franken gestellt und die restlichen 50 000 Franken gleich Anfang des nächsten Jahres abgerechnet werden. Dank diesem einfachen Kniff sparen Noemi und Uwe W. mehrere Tausend Franken Steuern.

Aus steuerlichen Überlegungen ist es auch nicht sinnvoll, kleinere energetische Sanierungen oder werterhaltenden Unterhalt gestaffelt über mehrere Jahre vorzunehmen. Denn so liegen Sie mit den Aufwendungen möglicherweise jedes Jahr unter dem Pauschalabzug, den Sie ohnehin machen könnten – auch wenn Sie keinen Franken in den Unterhalt investiert haben. Es lohnt sich also, diverse kleinere energetische Sanierungen oder werterhaltende Massnahmen zusammen in einer Steuerperiode vorzunehmen.

Mehrfamilienhäuser energetisch sanieren

Die energetische Sanierung eines Mehrfamilienhauses ist nicht nur ein Beitrag zum Klimaschutz, sondern erhöht auch dessen Marktpotenzial. Aber wie soll man dabei als Besitzer oder als Stockwerkeigentümerin vorgehen? Und inwiefern können Mieter selbst aktiv werden?

Mehrfamilienhäuser sanieren ist sinnvoll

Gerade bei den Mehrfamilienhäusern in der Schweiz ist der Nachholbedarf bezüglich energetischer Sanierung am grössten. Kein Wunder: Gut 60 Prozent der Mehrfamilienhäuser gehören nicht finanzkräftigen Firmen, sondern sind in Privatbesitz. Und Investitionen in Massnahmen, die dem Umweltschutz oder dem Energiesparen dienten, bedeuteten bis anhin satte Mehrkosten, die sich nur teilweise auf die Mieten überwälzen liessen. Das hat sich nun geändert: Erstens kommen auch Mehrfamilienhausbesitzer in den Genuss von Fördergeldern und zweitens können seit der Revision der Mietrechtsverordnung von Januar 2008 Investitionen in energiesparende Massnahmen voll auf die Mieten umgelegt werden.

Auch bei den Steuern rechnen sich energetische Sanierungen. Solche Investitionen können nämlich nach neuer Regelung – obwohl sie eigentlich wertvermehrend und daher nicht abzugsberechtigt sind – in der Steuerrechnung trotzdem geltend gemacht werden (siehe Seite 171). Und schliesslich ist die energetische Sanierung von Mehrfamilienhäusern auch aus mittel- bis langfristiger Sicht sinnvoll:

— Ohne regelmässigen Unterhalt der Liegenschaft verliert das Objekt an Wert.

— Die in absehbarer Zukunft steigenden Preise für Energieträger wie Heizöl, Erdgas, Strom oder Holz machen eine effiziente Energienutzung noch wichtiger – ganz abgesehen davon, dass dies auch einen Beitrag zum Klimaschutz darstellt.

— Die Miete setzt sich aus Mietzins und Nebenkosten zusammen. Wer sein Gebäude energetisch saniert, senkt dadurch die Nebenkosten, was erlaubt, einen höheren Mietzins zu erzielen. Deshalb haben Mehrfamilienhäuser mit tiefen Energiekosten einen höheren Marktwert – können also teurer verkauft werden.

— Die Energiekosten machen einen Grossteil der Nebenkosten aus. Steigen die Energiepreise, hat das einen direkten Einfluss auf die Wohnkosten der Mieter: Sie steigen mit – in schlecht gedämmten Gebäuden um einiges mehr als in energiesparenden Bauten. Das kann (abhängig von der Nachfrage) einen grossen Einfluss auf die Vermietbarkeit haben. Für Besitzer von schlecht gedämmten Liegenschaften wird es unter Umständen schwieriger, die Wohnungen zu vermieten und einen angemessenen Mietertrag zu erzielen.

— Um eine gute Vermietbarkeit zu gewährleisten, muss der Standard der Wohnungen in älteren Gebäuden möglichst mit neuen Bauten auf dem Markt mithalten können. Ein gut gedämmtes Gebäude mit Wohnungsbelüftung bietet ein hohes Mass an Komfort und Behaglichkeit für die Bewohner.

Den vielen Vorteilen zum Trotz sollte die energetische Sanierung eines Mehrfamilienhauses nicht überstürzt werden. Denn je durchdachter die Sanierung, desto günstiger wird sie normalerweise ausfallen. Zudem ist auch der Umgang mit den Mietern genau zu planen.

Nach abgeschlossener Sanierung können Sie den Gebäudeenergieausweis beantragen, der aufzeigt, welche energetische Qualität Ihre Liegenschaft hat (siehe Seite 50). Das kann bei der Vermietung von Wohnungen ein Marktvorteil sein.

Die richtige Sanierungsstrategie festlegen

Gabriel A. besitzt ein kleines Mehrfamilienhaus mit acht Wohnungen. Seit einiger Zeit klagen die Mieter, dass es durch die Fensterritzen zieht. Kein Wunder, die Fenster sind schon

23 Jahre alt. Herr A. nimmt dies zum Anlass, eine energetische Sanierung des Gebäudes zu prüfen. Er entscheidet sich, in einem ersten Schritt nur die Fenster durch solche mit einem ausgezeichneten Dämmwert zu ersetzen. Da eine Erneuerung der Fassade erst in rund fünf Jahren ansteht, wird diese dann besser isoliert und in den Wohnungen wird eine Komfortlüftung eingebaut. Natürlich werden die Fenster so gewählt, dass die für später geplante Isolation Platz findet. Für Gabriel A. hat diese Vorgehensweise zwei Vorteile: Er kann die Sanierungskosten über mehrere Jahre verteilen, und die Mieter können in ihren Wohnungen bleiben, da sich die Unannehmlichkeiten durch die Bauarbeiten im Rahmen halten.

Jedes Gebäude besteht aus Hunderten von Bauteilen, die alle eine unterschiedliche Lebensdauer haben. Eine energetische Sanierung in Betracht zu ziehen, ist immer dann am sinnvollsten, wenn sowieso grössere Unterhaltsarbeiten an der Liegenschaft anstehen. Muss beispielsweise die Fassade neu gestrichen werden, lohnt es sich, sie – sofern nötig – gleichzeitig besser isolieren zu lassen. Das spart Geld. Nehmen Sie diese Arbeiten in zwei Schritten vor, bezahlen Sie etwa für das Gerüst zweimal und nach der Isolation muss die Fassade bereits wieder neu gestrichen werden.

Gerade bei Mehrfamilienhäusern ist es deshalb empfehlenswert, bezüglich Unterhaltsarbeiten und energetischen Sanierungen eine Strategie festzulegen. Dazu gehört eine Beurteilung des Zustands der Liegenschaft genauso wie die Einschätzung deren Marktchancen. Für diese Aufgabe sollten Sie unbedingt eine Fachperson, beispielsweise eine Architektin, beiziehen. In Zusammenarbeit mit dieser Fachperson sollten Sie Folgendes prüfen:

— Bausubstanz (Energieverbrauch, baulicher Zustand, Ausbaustandard, Raumeinteilung, Wohnflächen)

— Marktpotenzial (Standort, Lage, Mieterschaft, Konkurrenzangebot in der Umgebung, Mieterbedürfnisse, Nutzungspotenzial)

Fragen Sie bei der Stadt, Gemeinde oder dem Kanton nach, ob Energieberatungsangebote für Mehrfamilienhausbesitzer existieren. In der Stadt Zürich beispielsweise läuft ein «Energie-Coaching»-Projekt (www.stadt-zuerich.ch/energie-coaching), dessen Kosten die Stadt teilweise – bei Sanierungen nach Minergie-Standard sogar ganz – übernimmt. Auch andernorts bieten die lokalen Behörden Vergünstigungen für Energieberatungen an.

Je nachdem, was die fachliche Beurteilung ergibt, bietet sich eine der folgenden Strategien an:

— **Bausubstanz und Marktpotenzial gut:** umfassende Erneuerung mit deutlichen Verbesserungen bezüglich Energieverbrauch und Wohnkomfort

— **Bausubstanz gut, Marktpotenzial schlecht:** Teilerneuerung mit werterhaltendem Charakter und punktuellen energetischen Massnahmen

— **Bausubstanz schlecht, Marktpotenzial gut:** Abbruch und Ersatz durch energetisch hochwertigen Neubau

— **Bausubstanz und Marktpotenzial schlecht:** nur werterhaltende Massnahmen, Verzicht auf eine energetische Sanierung

Weitere Informationen zur Sanierungsstrategie finden Sie in der Broschüre «Mehrfamilienhäuser energetisch richtig sanieren», die von Energie Schweiz und der Konferenz Kantonaler Energiefachstellen herausgegeben wurde (www.energie-schweiz.ch).

Sanierung in einem Schritt oder in Etappen? Ist einmal klar, welche nötigen Unterhaltsarbeiten in den nächsten Jahren anfallen und welche darüber hinausgehenden energetischen Sanierungen geplant sind, geht es darum, sich zu überlegen, ob alles auf einmal gemacht werden soll oder doch lieber in Etappen über mehrere Jahre. Beide Möglichkeiten haben ihre Vor- und Nachteile (siehe Kasten auf der nächsten Seite).

Auf einmal oder in Etappen – wägen Sie ab

	Vorteile	Nachteile
Etappiert	+ Auch die Finanzierung kann gestaffelt werden: tieferer und besser planbarer Finanzbedarf pro Etappe. + Steuervorteile, da so Abzüge über mehrere Steuerperioden möglich sind (siehe auch Seite 172). + Die Mieten können gestaffelt erhöht werden, was auch für die Mieter angenehmer ist. + Dank der weniger umfangreichen Bauarbeiten pro Etappe sind die Mietwohnungen auch während der Sanierung bewohnbar.	– Das Total der Baukosten ist höher. – Sind die Massnahmen der einzelnen Etappen nicht optimal aufeinander abgestimmt, kann es zu bauphysikalischen Problemen kommen. – Die Belästigungen der Bewohner durch die Bauarbeiten dauern insgesamt länger. – Über Jahre kleineres Sparpotenzial bei den Energiekosten, da die Einsparung nur schrittweise erzielt wird. – Soll nach Abschluss aller Etappen der Minergie-Standard erreicht werden, ist die Koordination und Planung aufwendiger.
In einem Schritt	+ Die Baukosten sind tiefer. + Sämtliche energetischen Massnahmen können viel besser aufeinander abgestimmt werden. + Die Energieeinsparungen werden rasch erreicht. + Die Benutzung der Wohnungen ist während eines kürzeren Zeitraums beeinträchtigt. + Die Planung der Massnahmen zur Erreichung der Minergie-Zertifizierung ist einfacher.	– Auf einen Schlag fällt ein hoher Finanzbedarf an. – Weniger Einsparungen bei den Steuern, da die gesamten Aufwendungen über maximal zwei Steuerperioden abgezogen werden können. – Das Objekt ist während der Bauphase oft nicht mehr bewohnbar, was Mietzinsausfälle zur Folge hat.

Die Anpassung der Mieten

Sie werden bereits in der ersten Phase der Sanierungsplanung geprüft haben, ob eine Mietzinserhöhung in Ihrer Liegenschaft aufgrund der Marktsituation überhaupt möglich ist. Wie viel Sie von den Aufwendungen einer energetischen Sanierung auf die Mieter überwälzen können, ist klar geregelt: Genau wie bei anderen Investitionen in Ihre Liegenschaft gilt der Grundsatz, dass nur wertvermehrende Massnahmen einen Mietzinsaufschlag rechtfertigen. Konkret: Wenn Sie aufgrund des normalen laufenden Unterhalts – der im Mietzins bzw. in den Nebenkosten enthalten ist – die Fassade neu streichen müssen und gleichzeitig die Isolation verbessern, können Sie nur die Isolation auf die Mietzinsen umschlagen. Der Neuanstrich hingegen gilt als Wiederherstellung des ursprünglichen Zustands. Haben Sie für die Sanierung Fördergelder erhalten, müssen Sie diese in der Berechnung der Mietzinserhöhung selbstverständlich abziehen (siehe Beispiel auf der nächsten Seite).

 Vergessen Sie nicht, allfällige Mietausfälle in Ihrer Sanierungsberechnung einzukalkulieren. Sei es, dass die Wohnungen während der Bauarbeiten gar nicht bewohnbar sind, sei es, dass sie wegen der Beeinträchtigungen nur vermindert gebrauchsfähig sind und den Mietern deshalb eine Herabsetzung des Mietzinses zusteht.

Anrechenbare Massnahmen Gemäss Artikel 14 der neuen Mietrechtsverordnung können die Kosten für folgende Massnahmen auf die Mietzinsen überschlagen werden:

— Massnahmen zur Verminderung von Energieverlusten

— Massnahmen für eine rationellere Energienutzung

— Massnahmen zur Verminderung der Emissionen bei haustechnischen Anlagen

— Massnahmen für den Einsatz erneuerbarer Energien

— Ersatz von Haushaltsgeräten mit hohem Energieverbrauch durch Geräte mit geringem Verbrauch

Die Mieten dürfen aber erst nach Abschluss sämtlicher Arbeiten auf den nächstmöglichen Kündigungstermin hin angehoben werden. Zudem muss der neue Mietzins den Mietern fristgerecht auf dem offiziellen, vom Kanton genehmigten Formular mitgeteilt werden.

Mietzinserhöhung: Fassadenrenovation eines Sechsfamilienhauses mit energetischer Sanierung

Sanierung mit Einbau Fassadenisolation	Fr. 180 000.–
Davon Anteil zur Wiederherstellung des ursprünglichen Zustands	– Fr. 80 000.–
Differenz	Fr. 100 000.–
Abzüglich Förderbeiträge	– Fr. 30 000.–
Auf die Mieten überwälzbare Differenz	Fr. 70 000.–

Bei einer angenommenen Lebensdauer von 25 Jahren können pro Jahr überwälzt werden:

Für die Abschreibung: Fr. 70 000.– geteilt durch 25	Fr.	2 800.–
Anrechenbare Kosten für Verzinsung: 2 %[1] von Fr. 70 000.–	Fr.	1 400.–
Zwischentotal	Fr.	4 200.–
Anrechenbare Kosten für Unterhalt: 10 % des Zwischentotals	Fr.	420.–
Total pro Jahr	**Fr.**	**4 620.–**

Total pro Jahr pro Wohnung	Fr.	770.–
Mietzinserhöhung pro Monat und Wohnung (gerundet)	**Fr.**	**64.–**

[1] Annahme: aktueller Hypothekarzinssatz 3,5 %. Da die Summe zur Verzinsung mit jedem Jahr abnimmt, wird folgende Formel angewendet: aktueller Hypothekarzinssatz plus 0,5 % geteilt durch zwei.

Quelle: Hausverein Schweiz

Im Internet finden Sie unter www.mietrecht.ch ein Tool «Berechnung von wertvermehrenden Investitionen», mit dem Sie einfach berechnen können, wie sich solche Investitionen konkret auf die Mietzinsen auswirken.

Der Umgang mit den Mietern

Um Ihr Sanierungsprojekt nicht unnötig zu verzögern, ist es unabdingbar, dass Sie die Mieterinnen und Mieter möglichst früh und detailliert informieren. Teilen Sie ihnen mit, welche Wohnungen wann von welchen Arbeiten betroffen sind und wie sich nach Abschluss der Sanierung der Wohnkomfort verbessern wird. Informieren Sie ausserdem möglichst transparent, wie die zu erwartenden Mietzinserhöhungen ausfallen werden.

Auch während der Bauphase ist der richtige Umgang mit den Mietern wichtig: Informieren Sie sie über Änderungen im Bauplan, geben Sie ihnen die Telefonnummer des Bauleiters und bieten Sie ihnen Hilfe beim Umstellen von Möbeln oder beim Abdecken der Einrichtung gegen Staub an.

 Ist die Sanierung abgeschlossen, können Sie beispielsweise einen Apéro für die Bewohner organisieren. Diesen Anlass können Sie auch dazu benutzen, den Mieterinnen und Mietern den richtigen Umgang mit den neuen Installationen zu erklären (Komfortlüftung, Thermostatventile und Ähnliches) und sie zum Energiesparen zu animieren. Zeigen Sie ihnen etwa, wie richtig gelüftet wird, wie man energiesparend wäscht oder kocht.

Energetische Massnahmen im Stockwerkeigentum

 Felix N. hat sich entschieden, in seiner Eigentumswohnung Fenster mit einer besseren Wärmedämmung einzubauen. Seine Wahl fällt auf Sprossenfenster, die er sofort bestellt. Gross ist sein Erstaunen, als er erfährt, dass die anderen Stockwerkeigentümer sein Vorhaben unterbinden wollen. Ihm war nicht klar, dass er für den Ersatz der Fenster die Einwilligung einer Mehrheit der Eigentümer braucht, da dadurch das Erscheinungsbild der Liegenschaft verändert wird. Diese Hürde nimmt Felix N. zum Anlass, seine Nachbarn von einem Austausch sämtlicher Fenster zu überzeugen.

Bei Gebäuden im Stockwerkeigentum ist die Initialzündung für eine energetische Sanierung der Immobilie nicht immer einfach. Erstens kann man die wenigsten Massnahmen im Alleingang vornehmen und zweitens muss die Mehrheit der anderen Stockwerkeigentümer vom Sinn der energetischen Sanierung überzeugt werden. Ungeachtet dessen muss jedoch auch eine Liegenschaft im Stockwerkeigentum unterhalten und von Zeit zu Zeit erneuert werden. Und im Rahmen von sowieso anstehenden Renovationsarbeiten gleich noch energetische Verbesserungen ins Auge zu fassen, ist auf jeden Fall sinnvoll. Denn wie bei jedem Mehrfamilienhaus trägt eine energetische Sanierung auch hier zu einer Wertsteigerung des Objekts bei und sorgt für tiefere Nebenkosten.

Kluges Vorgehen bei der Sanierung

Sämtliche Erneuerungen oder Sanierungen an den gemeinsamen Teilen müssen von der Stockwerkeigentümerversammlung beschlossen werden. Auf eigene Faust dürfen Sie nur innerhalb Ihrer eigenen vier Wände Veränderungen vornehmen – und auch dort mit gewissen Einschränkungen. Weil die meisten relevanten Massnahmen für eine energetische Sanierung die gemeinsamen Teile – etwa Fassade, Fenster, Dach, Heizung – betreffen, ist für ein solches Projekt immer die Gemeinschaft zuständig.

Die anderen Stockwerkeigentümer zu überzeugen, dass in der ganzen Liegenschaft neue Wärmeschutzfenster eingebaut werden sollten, gestaltet sich schwieriger, als Felix N. gedacht hat. Die einen finden, die alten Fenster seien doch noch gut in Schuss, die anderen monieren, ein solches Projekt sei zwar schön, aber viel zu teuer und ausserdem lägen die Energiekosten ja ganz im Rahmen. Immerhin bringt Felix N. die Stockwerkeigentümer dazu, ihm das Okay für weitere Abklärungen zu erteilen. Also setzt er sich mit einem Energieberater zusammen und lässt Wärmebilder des Gebäudes machen. So kann er seinen Nachbarn eindrücklich aufzeigen, wo überall Wärme verloren geht. Zudem präsentiert er Berechnungen, die klar machen, dass sich bei steigenden Energiepreisen sogar eine energetische Vollsanierung des Gebäudes rechnen könnte. Die Präsentation, die Felix N. zusammen mit dem Energieberater anlässlich einer Stockwerkeigentümerversammlung macht, überzeugt. Die Gemeinschaft spricht sich nicht nur für neue Fenster aus, sondern auch dafür, gleich noch die Fassade besser zu isolieren.

So sieht die richtige Vorgehensweise aus, wenn Sie die anderen Mitglieder Ihrer Stockwerkeigentümergemeinschaft von einer energetischen Sanierung überzeugen wollen:

1. Bringen Sie das Thema grundsätzlich einmal zur Sprache – entweder in der nächsten Stockwerkeigentümerversammlung oder auf schriftlichem Weg.

2. Herrscht grössere Skepsis gegenüber Ihrem Vorschlag, versuchen Sie, die Eigentümer vom Sinn eines solchen Projekts zu überzeugen. Legen Sie Ihnen dar, dass durch eine energetische Sanierung nicht nur die Liegenschaft als Ganzes, sondern jede Stockwerkeinheit an Wert gewinnt – was sich bei einem allfälligen Verkauf auszahlen wird. Zeigen Sie auf, dass durch solche Massnahmen die Nebenkosten stark gesenkt werden können. Bringen Sie klimapolitische Gedanken ein und weisen Sie darauf hin, dass eine Investition jetzt besonders sinnvoll ist, da es Fördergelder zu beziehen gibt.

3. Ist das Echo grösstenteils positiv, müssen diverse Gegebenheiten abgeklärt werden. Beispielsweise, wo in nächster Zeit sowieso etwas an der Liegenschaft gemacht werden muss, wie hoch die Einlagen im Erneuerungsfonds der Gemeinschaft derzeit sind, was im Stockwerkeigentümerreglement zu solchen Vorhaben steht oder wie hoch der aktuelle Energieverbrauch pro Quadratmeter ist (siehe Energiekennzahl, Seite 49).

4. Ziehen Sie möglichst früh einen Experten (Architektin, Energieberater) bei. Das verhindert Planungsfehler und verkürzt ausufernde Diskussionen.

5. Spätestens wenn erste Kostenschätzungen vorliegen, muss an einer Stockwerkeigentümerversammlung über das Projekt abgestimmt werden – und auch darüber, wie die Kosten zu verteilen sind. Ausserdem ist dies der Zeitpunkt, um zu prüfen, ob im Erneuerungsfonds genügend Geld vorhanden ist, und wenn nicht, ob jeder einzelne Eigentümer den fehlenden Betrag rechtzeitig aufbringen kann.

6. Haben die Stockwerkeigentümer einer energetischen Sanierung zugestimmt, gilt es, das Projekt detailliert planen zu lassen und dann den Auftrag zur Umsetzung zu erteilen.

Welche Mehrheit an der Stockwerkeigentümerversammlung für ein Projekt nötig ist, hängt vom Charakter der geplanten Massnahmen ab. Für notwendige bauliche Massnahmen (Unterhalts-, Instandstellungs- und Erneuerungsarbeiten) braucht es das absolute Mehr. Das heisst: mehr als die Hälfte der Stimmen – bei zehn Anwesenden müssten sich also mindestens sechs für das Projekt aussprechen. Für sogenannte nützliche Massnahmen – und dazu gehören die meisten energetischen Sanierungen – ist ein qualifiziertes Mehr nötig. Ein Antrag zu einer besseren Isolation ist daher erst angenommen, wenn die Mehrheit der anwesenden Stockwerkeigentümer zustimmt und diese Mehrheit auch über mehr als die Hälfte aller Wertquoten (nicht nur der anwesenden Eigentümer) verfügt.

Was Sie allein vorkehren können

Innerhalb Ihrer eigenen Wohnung sind Sie als Stockwerkeigentümer grundsätzlich frei in Bezug auf Nutzung und bauliche Gestaltung – natürlich nur, solange Sie das Stockwerkeigentümerreglement einhalten und die Massnahmen nicht zum Nachteil Ihrer Nachbarn sind. Bezüglich energetischer Verbesserungen sind die Möglichkeiten in den eigenen vier Wänden sehr eingeschränkt. Ohne die Stockwerkeigentümergemeinschaft beizuziehen, können Sie beispielsweise besonders energiesparende Haushaltsgeräte wie Tumbler oder Kühlschrank anschaffen, Sparventile an den Wasserhahnen anbringen, die Radiatoren mit Thermostatventilen ausrüsten oder die Fenster abdichten. Viel mehr liegt aber ohne Einwilligung der anderen Eigentümer nicht drin.

Mehr Informationen zum Renovieren im Stockwerkeigentum und zu allen anderen Fragen bei dieser Art von Wohneigentum finden Sie im Beobachter Ratgeber «Stockwerkeigentum. Kaufen, finanzieren, leben in der Gemeinschaft» (www.beobachter.ch/buchshop).

Was Mieterinnen und Mieter tun können

Jana D. und ihre Kollegin Nalani M. haben im Frühling zusammen eine Wohnung in Davos bezogen. Erst im Winter fällt ihnen auf, dass die Fenster undicht sind und viel kalte Luft hereinströmt. Die ständige Zugluft ist einerseits sehr unangenehm und führt anderseits dazu, dass sie die Ventile der Radiatoren stets auf das Maximum einstellen müssen. Dass dies höchst unökologisch ist und zudem eine hohe Nebenkostenabrechnung zur Folge haben wird, ist den zwei Frauen klar. Daher fordern Sie ihren Vermieter per eingeschriebenen Brief auf, die Fenster unverzüglich zu reparieren.

Eine Situation wie in diesem Beispiel ist für Mieterinnen und Mieter die einzige Möglichkeit, ihre Vermieterin auf rechtlichem Weg zu energetischen Massnahmen zu bewegen. Denn undichte Fenster gelten als Mangel an der Mietsache, genauso wie etwa ein elektrischer Boiler, der wegen eines Defekts unnötig Strom verbraucht. Zur Behebung solcher Mängel ist die Vermieterin gesetzlich verpflichtet.

💡 Besteht in Ihrer Wohnung ein solcher Mangel und haben Sie diesen eingeschrieben beim Vermieter gemeldet, steht Ihnen ab diesem Zeitpunkt das Recht auf einen reduzierten Nettomietzins zu – so lange, bis der Mangel behoben ist. Bei Mängeln, die den Energieverbrauch beeinflussen, sollte diese Reduktion zumindest die zusätzlichen Nebenkosten abdecken.

Bei allen anderen, nicht auf Mängeln beruhenden energetischen Massnahmen können Sie als Mieter natürlich jederzeit mit Wünschen oder Vorschlägen an ihre Vermieterin gelangen. Eine rechtliche Handhabe besteht aber keine, nicht einmal, wenn Sie in einem alten, sehr schlecht isolierten Haus wohnen.

Als Mieterin oder Mieter sind Sie möglicherweise etwas in der Zwickmühle: Energetische Verbesserungen an Ihrer Wohnung sind für Sie vielleicht aus ökologischen Überlegungen und aus Komfortgründen wichtig oder Sie erhoffen sich davon tiefere Nebenkosten. Anderseits wird die Vermieterin die Investitionen in solche Massnahmen auf den Mietzins überwälzen, was für Sie wiederum höhere monatliche Kosten bedeutet.

Besserer Wohnkomfort kontra höhere Mieten

Eine energetische Sanierung der Liegenschaft hat finanzielle Konsequenzen für Sie als Mieter: Zwar fällt danach die Nebenkostenabrechnung tiefer aus, die Einsparung wird aber den höheren Mietzins nicht kompensieren – um dies zu erreichen, müssten die Energiepreise rund doppelt so hoch sein wie heute. Eine Ahnung davon, wie sich der Mietzins wegen der energetischen Massnahmen erhöhen könnte, gibt Ihnen die nebenstehende Tabelle.

Die Berechnungen in dieser Tabelle basieren auf günstigen Rahmenbedingungen und auf der Annahme, dass die Vermieterin keine überhöhten Überwälzungssätze anwendet und von einer realistischen Lebensdauer der einzelnen Bauteile ausgeht. In der Realität

Zu erwartende Mietzinsaufschläge aufgrund energetischer Sanierungen

Investition	Kosten (geschätzt)	Wert- vermehrender Anteil	Mietzinsaufschlag pro Monat und Wohnung
Fenster	Fr. 10 000.–	25 %	Fr. 13.–
Fassaden- isolation	Fr. 25 000.–	65 %	Fr. 76.–
Dachisolation	Fr. 10 000.–	50 %	Fr. 23.–
Kellerdecke (Isolation)	Fr. 3 000.–	50 %	Fr. 9.–
Heizung	Fr. 4 000.–	10 %	Fr. 6.–
Solarkollektoren (vorher nicht vorhanden)	Fr. 8 000.–	100 %	Fr. 50.–
Lüftung (vorher nicht vorhanden)	Fr. 15 000.–	100 %	Fr. 93.–
Total			**Fr. 270.–**

werden im Rahmen von energetischen Sanierungen oft auch weitere wertvermehrende Investitionen vorgenommen, die dann natürlich zu deutlich höheren Mietzinsaufschlägen führen.

Verbesserung des Wohnkomforts Energetische Sanierungen führen aber nicht nur zu finanziellen Mehrbelastungen. Durch sie steigt im Normalfall auch der Wohnkomfort. Wird etwa die Kellerdecke isoliert, sind kalte Füsse in der Parterrewohnung passé. Und nach einer Isolation der Fassade strahlen die Wände weniger Kälte ab – ein Aspekt, der in schlecht isolierten Wohnungen oft zu einem Kälteempfinden führt, obwohl die Raumtemperatur eigentlich hoch genug ist. Auch eine Wohnungslüftung trägt zu mehr Komfort bei: Die Luftqualität ist besser, es muss nicht mehr gelüftet werden und möglicher Aussenlärm stört viel weniger – denn die Fenster können geschlossen bleiben und trotzdem hat man stets frische Luft in der Wohnung.

Eigeninitiative als Mieter

Da Sie als Mieter wenig bis gar keinen Einfluss auf eine umfassende energetische Sanierung des Gebäudes haben, beeinflussen Sie Ihren Energieverbrauch am wirkungsvollsten durch Ihr eigenes Verhalten: etwa in dem Sie die Thermostatventile der Radiatoren so einstellen, dass die Räume nicht überheizt werden (siehe Seite 41), oder indem Sie sämtliche möglichen Stromsparmassnahmen vornehmen (siehe unten).

Steht in Ihrer Wohnung sowieso ein Haushaltsgerät wie etwa der Kühlschrank oder die Waschmaschine zum Ersatz an, können Sie Ihren Vermieter bitten, ein Gerät der besten Energieklasse anzuschaffen. Im Gegenzug sollten Sie dann natürlich auch bereit sein, dafür ein paar wenige Franken mehr Miete pro Monat zu bezahlen.

Aufpassen müssen Sie, wenn Sie selbst irgendwelche baulichen Massnahmen in Ihrer Wohnung vornehmen wollen. Das Mietrecht schreibt nämlich zwingend vor, dass für Erneuerungen und Änderungen an der Mietsache die schriftliche Zustimmung des Vermieters eingeholt werden muss. Versäumen Sie dies, liegt eine Verletzung des Mietvertrags vor. Der Vermieter hat dann spätestens bei Ihrem Auszug das Recht, die Wiederherstellung des ursprünglichen Zustandes zu verlangen – auf Ihre Kosten.

Mehr Informationen zum Umgang mit Vermietern und zu allen anderen Fragen, die sich Mieterinnen und Mieter stellen, finden Sie im Beobachter-Ratgeber «Mietrecht. Umzug, Kosten, Kündigung – alles, was Mieter wissen müssen» (www.beobachter.ch/buchshop).

Sparpotenzial beim Strom Den Vermieter zu Kauf von energiesparenden Geräten zu animieren, ist das eine. Doch der beste Tumbler, die sparsamste Waschmaschine nützen wenig, wenn man damit nicht bewusst umgeht. Die folgenden Massnahmen für einen tieferen Energieverbrauch lassen sich einfach und ohne Komforteinbusse umsetzen:

— **Waschmaschine und Tumbler**
  — Waschen Sie bei möglichst tiefen Temperaturen. Kochwäsche ist mit heutigen Waschmitteln nicht mehr nötig. Meist reicht sogar eine 40-Grad-Wäsche (spart rund 20 Prozent Strom gegenüber einer 60-Grad-Wäsche).
  — Wählen Sie für leicht verschmutze Wäsche das Sparprogramm.
  — Lassen Sie die Wäsche so oft wie möglich im Freien trocknen.
  — Wäsche, die in den Tumbler kommt, sollten Sie vorher in der Waschmaschine möglichst hochtourig schleudern (1000 bis 1400 Umdrehungen pro Minute). Die Waschmaschine braucht rund 100-mal weniger Energie als der Tumbler, um der Wäsche die gleiche Menge Feuchtigkeit zu entziehen.

— **Kühlschrank und Tiefkühler**
  — Wählen Sie die richtige Temperatur: Kühlschrank 5 Grad, Tiefkühler minus 18 Grad.
  — Kontrollieren Sie, ob die Türen gut schliessen, und ersetzen Sie wenn nötig den Dichtungsgummi.
  — Stellen Sie keine warmen Speisen in den Kühlschrank. Tauen Sie Gefrorenes im Kühlschrank auf, so profitieren Sie von der abgegebenen Kälte.
  — Tauen Sie den Tiefkühler und das Gefrierfach des Kühlschranks regelmässig ab.

— **Kochherd und Backofen**
  — Achten Sie darauf, dass die Grösse von Pfanne und Kochplatte übereinstimmen und tauschen Sie Pfannen mit unebenem Boden aus.
  — Kochen Sie mit Deckel – damit sparen Sie 30 Prozent Strom.
  — Benutzen Sie wo möglich einen Dampfkochtopf oder Isolierpfannen; das kann bis zu 70 Prozent Energie sparen.

- Ein Wasserkocher fürs Teewasser braucht 50 Prozent weniger Strom als der Kochherd.
- Bei modernen Öfen können Sie sich das Vorheizen sparen (ausser für Blätterteig- und Hefegebäck), da neuere Geräte die gewünschte Hitze meist innert weniger Minuten erreichen.
- Profitieren Sie von der Restwärme: Bei Backzeiten über 40 Minuten kann der Ofen 10 Minuten vor Ende der Backzeit ausgeschaltet werden.

- **Geschirrspüler**
  - Spülen Sie erst, wenn das Gerät voll ist und verwenden Sie für leicht verschmutztes Geschirr das Sparprogramm.
  - Verzichten Sie wenn immer möglich auf das Vorspülen unter fliessendem Wasser. Ist es doch nötig, spülen Sie mit kaltem Wasser.

- **Licht**
  - Setzen Sie Energiesparlampen ein (Stromeinsparung: 80 Prozent) oder wenigstens Halogenlampen (Einsparung: 30 Prozent).
  - Schalten Sie beim Verlassen eines Raumes konsequent das Licht aus.

- **Stand-by**
  - Prüfen Sie, welche Geräte auch im vermeintlich abgestellten Zustand Strom fressen. Wie viel Strom fliesst, können Sie mit einem Stromzähler messen.
  - Schalten Sie alle Geräte mit Stand-by-Funktion (Fernseher, Computer, Drucker etc.) mit dem Hauptschalter ab.
  - Benützen Sie für Geräte wie Settop-Boxen für den digitalen Fernsehempfang, Modems, ADSL-Router, Computer, Drucker oder Scanner eine Steckerleiste mit Schalter. So können Sie mit einem Klick die Geräte vom Strom trennen.
  - Falls Ihre Kaffeemaschine keinen Hauptschalter hat, der den Strom ganz abstellt, rüsten Sie das Kabel mit einem Kipp-schalter für dreipolige Kabel aus. Denn Kaffeemaschinen

verbrauchen viel Stand-by-Strom für das Warmhalten der
Brüheinrichtung.

— Achten Sie bei Geräten, die meist in Bereitschaft stehen
müssen (wie Harddiskrecorder), auf eine tiefe Stand-by-
Leistung (höchstens 2 Watt, sehr gut sind 0,5 Watt).

Wichtig ist, dass alle im Haushalt am gleichen Strick ziehen – nur so
bringen die Anstrengungen einen merklichen Erfolg. Am höchsten
ist das Sparpotenzial bei den Grossgeräten. Übrigens: Auch als Mieter können Sie auf Ökostrom setzen (mehr dazu auf Seite 98).

Zehn Beispiele aus der Praxis

Fast jedes ältere Haus bietet die Möglichkeit einer energiesparenden Sanierung. Mal reicht es, die Isolation zu verbessern, mal ist eine umfassende Erneuerung und Erweiterung sinnvoll. Die folgenden zehn Beispiele zeigen, wie Bauherren die Renovation angepackt und umgesetzt haben und wie gross das Sparpotenzial ist.

Das renovierte Haus
mit dem Anbau
aus vorgefertigten
Holzelementen

Das freistehende Einfamilienhaus in einem Aussenquartier der Stadt Zürich
ist ein typisches Beispiel für ein Gebäude, das mit den Raumbedürfnissen
der Familie gewachsen ist. Nach dem Kauf 1996 und einer umfassenden
Innenrenovation genügte das Haus aus den Zwanzigerjahren vorerst
den Bedürfnissen des damals kinderlosen Paares. Nach der Geburt der zwei
Kinder wurde in einer zweiten Phase zuerst der Estrich ausgebaut und
schliesslich im Jahr 2007 ein zweigeschossiger Anbau mit zwei zusätzlichen
Zimmern angefügt.

Schwerpunkt der Renovation Im Rahmen der Ausbau- und Erweiterungs-
arbeiten achteten die Besitzer immer auch darauf, energetische Verbesserungen am bestehenden Haus vorzunehmen. Bereits beim Umbau des
Estrichs zum Elternschlafzimmer mit offenem Badezimmer isolierten
sie das Dach vierzig Zentimeter dick und dämmten gleichzeitig auch die
Kellerdecke mit Steinwolleplatten. Der zweigeschossige Anbau aus
vorgefertigten Holzelementen wurde von Anfang an 16 Zentimeter dick
isoliert. Auf seinem Flachdach stehen zwei Sonnenkollektoren mit
zusammen 5 Quadratmetern Fläche für die Aufbereitung des warmen
Wassers. Gleichzeitig mit dem Anbau konnte auch die Gasheizung
durch ein sparsameres Modell ersetzt werden; für die Beheizung in der
Übergangszeit wurde ein Holzhofen eingebaut.

as Elternschlafzimmer mit integriertem Bad
dick isolierten ehemaligen Estrich

Wohn- und Esszimmer im Erdgeschoss

bau und neue Terrasse

Montage des Anbaus

Kinderzimmer im neuen Anbau

austyp Freistehendes
nfamilienhaus

ohnfläche 177 m^2

immerzahl 6,5

eizsystem Gasbrenner
odulierend, Holzofen

armwasseraufbereitung Sonnen-
ollektor 5 m^2 mit 750 l Speicher
Keller, Nachheizung mit dem Gas-
enner, falls nötig

assnahmen an der Gebäudehülle
olation Dach (40 cm Zellulose-
ocken), Isolation Kellerdecke
cm Steinwolle), Isolation
nbau (16 cm Holzfaserplatte/
einwolle)

Vor der Renovation Energieverbrauch pro m^2 Wohnfläche und
Jahr für Heizung und Warmwasser:
245 kWh

Nach der Renovation Energieverbrauch pro m^2 Wohnfläche
und Jahr für Heizung und Warmwasser: 135 kWh

Investitionen Ca. 50 000 Franken für
die energetische Sanierung

Die Bilder für die Beispiele wurden
von den Hausbesitzern und Architekten
zur Verfügung gestellt.

Aussenansicht des fertig renovierten Gebäudes (Strassenseite)

Der Urgrossvater hatte es gebaut, der Grossvater weiter genutzt und nun hat die dritte Generation das Haus neu eingekleidet. Zur Sanierung entschieden sich die Besitzer wegen des hohen Energieverbrauchs und der kühlen Aussenwände. Die alte Substanz, die im Blockholzbau ausgeführt worden war, befand sich in einem guten Zustand, da sie das üppige Vordach über die Jahre gut geschützt hatte. Dies begünstigte den Entscheid, eine Sanierung statt einen Ersatzbau vorzunehmen.

Schwerpunkt der Renovation Die Sanierung umfasste eine bessere Wärmedämmung der gesamten Gebäudehülle. Das Dach mit seinen Lukarnen erhielt eine neue Schiefereindeckung, darunter eine 16 Zentimeter dicke Isolationsschicht aus Steinwolle. Um die Isolation zusätzlich zu verbessern, wurde der gesamte Dachvorsprung abgeschnitten und anschliessend mit einer thermisch abgetrennten Konstruktion neu erstellt. Dadurch wurde es möglich, die Isolationsschicht ohne Unterbruch vom Sockelgeschoss über die Fassade bis ins Dach zu führen. Die Fassade mit einer gestülpten Schiefereindeckung und neuen minergiezertifizierten Fenstern unterstützt das Energiekonzept. Die bestehende Ölheizung, vor Kurzem erst eingebaut, musste dem neuen, tieferen Verbrauch angepasst werden. Insgesamt konnte der Energieverbrauch um einen Drittel reduziert werden.

Aussenansicht des renovierten Gebäudes (Hofseite)

Montage der neuen, thermisch getrennten Vordachkonstruktion

Aussenansicht vor der Renovation

Der neu konstruierte Dachgiebel

Montage des Balkons im ersten Obergeschoss

Haustyp Einfamilienhaus mit Gewerbe

Wohnfläche 470 m^2

Zimmerzahl 9

Heizsystem Ölbrenner

Warmwasseraufbereitung Brauchwasser-Erwärmung zusammen mit Heizung

Massnahmen an der Gebäudehülle Isolation im Sockelbereich (16 cm Polystyrol XPS), Isolation der Fassade vom ersten bis zum dritten Obergeschoss und zum Dach (16 cm Mineralwolle), Isolation der Laibungen, türze und Fensterbänke (4 bis 8 cm Mineralwolle)

Weitere Massnahmen Neue minergiezertifizierte Holzmetallfenster (1,0 W/m^{2}K)

Vor der Renovation Energieverbrauch pro m^2 Wohnfläche für Heizung und Warmwasser: 115 kWh/Jahr

Nach der Renovation Energieverbrauch pro m^2 Wohnfläche für Heizung und Warmwasser: 75 kWh/Jahr

Investitionen Ca. 250 000 Franken für die energetische Sanierung

Das Haus heute mit dem neu aufgebauten Dachgeschoss

Bevor die Eltern der vierköpfigen Familie das Einfamilienhaus in Rombach mit Baujahr 1964 kauften, holten sie den fachmännischen Rat eines Architekten ein. Die Problempunkte: zu wenig Platz, eine unpraktische Raumaufteilung und eine veraltete Küche. Acht Lösungsmöglichkeiten wurden ausgearbeitet. Die günstige Minimallösung kam nicht infrage, da sie nicht genug Wohnraum brachte, ein Anbau hätte zu viel Gartenfläche weggenommen. Schliesslich fiel der Entscheid auf eine der aufwendigeren Varianten: Aufstockung mit gleichzeitiger energetischen Sanierung.

Schwerpunkt der Renovation Die Backsteinmauern des alten Wohngeschosses wurden mit einer hinterlüfteten Fassade und einer 16 Zentimeter dicken Isolation versehen. Auch die vorgefertigte Holz-Elementkonstruktion des neu aufgesetzten Stockwerks erhielt eine 26 Zentimeter dicke Dämmung. In den Elementen des Flachdachs fand sich Platz für 26 Zentimeter Isolation. Das Dach wurde zudem bituminös abgedichtet und mit einer Kiesschicht als UV-Schutz bedeckt. Dank der Hanglage verfügt auch das Untergeschoss teilweise über Tageslicht. Dessen Decke wurde gedämmt, die Aussenmauern hingegen nicht. Dies unter anderem, weil im Untergeschoss nur schwach geheizt wird. Sobald die Lebensdauer der Ölheizung abgelaufen ist, soll sie mit einer Wärmepumpen- oder Pelletheizung ersetzt werden.

Neue Verkleidung der Fassade

Montage der Holzelemente des Dachgeschosses

Übergang zwischen bestehendem Haus und neuem Dachgeschoss

Wohnraum im aufgestockten Hausteil

Das Haus vor der Sanierung

Haustyp Einfamilienhaus

Wohnfläche 180 m²

Zimmerzahl 6,5

Heizsystem Ölbrenner

Warmwasseraufbereitung Elektrisch

Massnahmen an der Gebäudehülle Isolation der hinterlüfteten Fassade (16 cm Glaswolle), Isolation des aufgesetzten Stockwerks (Wände und Flachdach 26 cm Glaswolle), Isolation der Decke des Untergeschosses (10 cm Steinwolleplatten), Dämmung im Deckenbereich (unter Terrasse), neue Wärmeschutzfenster (zweifach verglast)

Weitere Massnahmen Dämmung von Heiz- und Warmwasserleitungen, neuer Boiler

Vor der Renovation Energieverbrauch pro m² Wohnfläche für Heizung und Warmwasser: ca. 200 kWh/Jahr

Nach der Renovation Energieverbrauch pro m² Wohnfläche für Heizung und Warmwasser: 100 kWh/Jahr

Investitionen Ca. 66 000 Franken für die energetische Sanierung

Aussenansicht des stattlichen Bauernhauses

Als das Landwirt-Ehepaar mit Baby das 100-jährige Bauernhaus in Rüderswil im Emmental übernahm, pfiff der Wind durch alle Ritzen und die Räume waren im Winter kaum noch zu beheizen. Zusammen mit einem erfahrenen Planer und Handwerkern aus der Region gingen die neuen Eigentümer die Sanierung des altehrwürdigen Gebäudes an. Neben etlichen energetischen Massnahmen wurde eine neue, moderne Küche eingebaut. Für die Zeit der Bauarbeiten quartierte sich die Familie in Grossmutters Stöckli nebenan ein. Um Kosten zu sparen, packten die Eigentümer mit an, wo sie nur konnten.

Schwerpunkt der Renovation Hinter den Faserzement-Schindeln verbirgt sich heute eine 20 Zentimeter dicke Isolation aus Steinwolleplatten. In dieser neuen Schicht konnten auch gleich die Rohre der Komfortlüftung geführt werden. Die Eigentümer entschieden sich für Wärmeschutzfenster aus Holz und Aluminium mit schmalem Rahmen und damit einem niedrigen U-Wert. Diese Fenster sind mit einem Glas versehen, das die Sonnenenergie passiv nutzt. Im Parterre des Bauernhauses wurde zudem eine neue Holzschnitzelheizung installiert. Der Entscheid für dieses Heizsystem war naheliegend: Immerhin gehören zum Bauernbetrieb eigene Wälder. Was das Heizen anbelangt, ist die Familie seit der Sanierung sozusagen Selbstversorger.

Neuer Technikraum mit Holzschnitzelheizung und Warmwasserspeicher

Umbau des Obergeschosses und Isolation der Decke

Isolation der Aussenwände

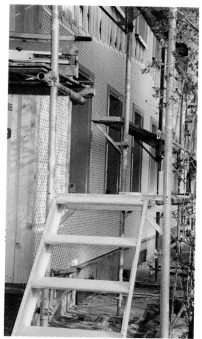

Isolationsarbeiten an der Fassade

Haustyp Bauernhaus

Wohnfläche 240 m²

Zimmerzahl 5

Heizsystem Holzschnitzelheizung

Warmwasseraufbereitung Holzschnitzelheizung

Massnahmen an der Gebäudehülle Isolation der Fassade (20 cm Steinvolleplatten), Isolation Kellerdecke (11 cm PUR-Dämmung), Isolation Decke zum Dachstock (20 cm Steinvolleplatten), neue Wärmeschutzfenster (mit passiver Nutzung der Sonnenenergie)

Weitere Massnahmen Komfortlüftung mit Wärmerückgewinnung

Vor der Renovation Energieverbrauch pro m² Wohnfläche für Heizung und Warmwasser: ca. 110 kWh/Jahr

Nach der Renovation Energieverbrauch pro m² Wohnfläche für Heizung und Warmwasser: 60 kWh/Jahr

Investitionen Ca. 92 000 Franken für die energetische Sanierung

Das Haus von aussen, gut
sichtbar die Sonnen-
kollektoren auf dem Dach

Bei der Übernahme der Liegenschaft durch die heutigen Besitzer im Jahr
2007 präsentierte sich das Haus in vielen Bereichen im Ursprungszustand von
1928. Zur Anpassung an den heutigen Wohnstandard waren umfangreiche
Sanierungsarbeiten nötig. Unter anderem wurden Zimmertrennwände
entfernt, das Dachgeschoss ausgebaut, alle Oberflächen und die technischen
Installationen erneuert. Auf den Vorschlag des Architekten hin beschloss die
Bauherrschaft, gleichzeitig den Minergie-Standard anzustreben.

Schwerpunkt der Renovation Das Hauptaugenmerk galt der Vebesserung
der Gebäudehülle. Die bestehenden Fenster wurden durch solche mit
Dreifachverglasung ersetzt, Dach und Kellerdecke isoliert. Wegen der denkmalpflegerischen Auflagen und der Einbindung des Gebäudes in eine
Häuserreihe wurden die Längswände im Hausinnern mit Kork isoliert. Kork
gewährleistet die Regulierung des Feuchtigkeitshaushalts, die bei Innenisolationen sonst heikel ist. An der Querwand hingegen, die die Hauszeile
abschliesst, konnte eine Aussenisolation, ebenfalls aus Kork, angebracht
werden. Die bestehende Heizanlage wurde übernommen, der Gasbrenner
aber ersetzt. Zusätzlich installierten die Besitzer einen Sonnenkollektor für
die Aufbereitung des Warmwassers. Die Rohre für die bei Minergie-Bauten
obligatorische Lüftungsanlage wurden im ehemaligen Heizungskamin
untergebracht.

Montage der Sonnenkollektoren

Das ausgebaute Dachgeschoss

Lüftungsrohr im Garten

Der Luftauslass der Lüftungsanlage im Dachgeschoss

Das Lüftungsgerät im Keller

Haustyp Reihenendhaus

Wohnfläche 150 m²

Zimmerzahl 4,5

Heizsystem Gasbrenner
modulierend

Warmwasseraufbereitung Sonnenkollektor 6 m² mit 500 l Speicher
im Keller; Nachheizung mit dem Gasbrenner, falls nötig

Massnahmen an der Gebäudehülle
Isolation Dach (30 cm Zelluloseflocken), Isolation Kellerdecke (16 cm
Steinwolle), Innenisolation Wand
Nordwestseite (10 cm Kork), Aussenisolation Wand Nordost (20 cm Kork),
neue Fenster (dreifach verglast)

Weitere Massnahmen Komfortlüftung mit Wärmerückgewinnung

Vor der Renovation Energieverbrauch pro m² Wohnfläche und
Jahr für Heizung und Warmwasser:
280 kWh

Nach der Renovation Energieverbrauch pro m² Wohnfläche und
Jahr für Heizung und Warmwasser:
70 kWh

Investitionen Ca. 60 000 Franken für
die energetische Sanierung

Das renovierte Haus mit den im Dach integrierten Sonnenkollektoren

Fenster und Dach undicht, Schimmel in allen Zimmern – das 70-jährige Einfamilienhaus an schöner Lage in Neuchâtel befand sich in technisch schlechtem Zustand, als es die heutigen Besitzer kauften. Ausserdem erwies es sich für die vierköpfige Familie als zu kleinräumig. Klar war: Eine umfassende Sanierung war unumgänglich und das Haus sollte danach den Minergie-Standard erfüllen. Um die Kosten der Sanierung tief zu halten, führten die Eigentümer viele Arbeiten selbst aus.

Schwerpunkt der Renovation Eine Innendämmung der Wände hätte die Wohnfläche verringert, die Aussendämmung wäre zu teuer gekommen. Glücklicherweise entdeckte ein Handwerker, dass die Hauswände aus zweischaligem Mauerwerk bestanden. In die sieben bis zehn Zentimeter breiten Zwischenräume wurde feinfasrige, silikonisierte Steinwolle eingeblasen. Auch die Fensterlaibungen wurden damit isoliert und überall wurden Wärmeschutzfenster eingesetzt. Die Kellerdecke, die Decke des Wohnzimmererkers und der neu ausgebaute Dachstock erhielten ebenfalls eine Wärmedämmung. Auf dem Dach wurden Sonnenkollektoren installiert. Im Dachstock befinden sich zudem das Lüftungsgerät und der Wärmetauscher der Komfortlüftung, deren Rohre unauffällig in die Mauerecken integriert wurden. Für Wärme im Haus sorgt eine Pellet-Zentralheizung, unterstützt von einem Speicherofen im Wohnzimmer.

Förderelement für die Holzpelletts

er Wohn- und Essbereich des Hauses

eu erstellter Unterstand beim
auseingang

Luftverteilung im
Estrichgeschoss

Lufteinlass der Komfortlüftung
an der Decke

Haustyp Einfamilienhaus

Wohnfläche 227 m^2

Zimmerzahl 5,5

Heizsystem Pelletofen, Speicherofen
im Wohnbereich

Warmwasseraufbereitung Sonnenkollektor 6,75 m^2 mit 500 l Speicher
im Keller, Nachheizung mit dem
Pelletofen, falls nötig

Massnahmen an der Gebäudehülle
Isolation der Aussenwandzwischen-
räume (7 bis 10 cm Steinwollefasern), Isolation der Erkerdecke
(12 cm Steinwollefasern), Isolation
des Dachstocks (20 cm Steinwollefasern), Isolation Kellerdecke

(8 cm Steinwolle), neue Fenster
(zweifach verglast)

Weitere Massnahmen Komfortlüftung mit Wärmerückgewinnung

Vor der Renovation Energieverbrauch pro m^2 Wohnfläche
für Heizung und Warmwasser:
280 kWh/Jahr

Nach der Renovation Energieverbrauch pro m^2 Wohnfläche
für Heizung und Warmwasser:
70 kWh/Jahr

Investitionen Ca. 94 000 Franken
für die energetische Sanierung

Das Haus von aussen; frisch renoviert fügt es sich wieder ins Stadtbild ein.

Das Mehrfamilienhaus mitten in der Winterthurer Innenstadt und unweit des Bahnhofs ist ein klassischer Bau aus der vorletzten Jahrhundertwende. Das denkmalgeschützte Gebäude beherbergt vier Wohnungen, dazu im Erdgeschoss ein Ladengeschäft. Der über längere Zeit vernachlässigte Unterhalt erforderte bei der Übernahme durch den heutigen Besitzer eine umfassende Erneuerung, die genutzt wurde, um auch den Energiehaushalt des Hauses stark zu verbessern.

Schwerpunkt der Renovation Ziel der Bauherrschaft war die Erreichung des Minergie-Standards für renovierte Bauten. Der Anschluss ans Fernwärmenetz und die Tatsache, dass das Haus auf zwei Seiten an andere Gebäude angrenzt und so relativ wenig Energie über die Aussenhülle verliert, vereinfachten das Vorhaben. So war es möglich, die beiden sichtbaren Fassaden – wie von der Denkmalpflege gewünscht – unisoliert zu belassen und trotzdem den Minergie-Standard zu erreichen. Dach und Kellerdecke hingegen wurden gut gedämmt, die vorhandenen Fenster gegen solche mit Dreifachverglasung ausgetauscht und die Wohnungen mit einer Komfortlüftung ausgestattet. Diese bietet den Bewohnern des an einer stark befahrenen Strasse stehenden Hauses einen grossen Vorteil: Die Fenster können geschlossen bleiben und trotzdem sind die Wohnungen immer gut gelüftet.

Übergabestation für die Fernwärme-
versorgung im Keller

Montage der Lüftungsrohre
unter der Decke

Das dick isolierte Dach

Ein Zimmer in einer der umfassend
renovierten Wohnungen

Lüftungsverteiler
in der Wohnung

Haustyp Mehrfamilienhaus

Anzahl Wohnungen 4 à 90 m²

Wohnfläche, je 3 Zimmer

Heizsystem Fernwärme

Warmwasseraufbereitung
Fernwärme

Massnahmen an der Gebäudehülle
Isolation Dach (28 bis 38 cm
Steinwolle), Isolation Kellerdecke
(12 cm Glasfaserplatten),
neue Fenster (dreifach verglast)

Weitere Massnahmen Komfortlüftung mit Wärmerück-
gewinnung

Vor der Renovation Energieverbrauch pro m² Wohnfläche und

Jahr für Heizung und Warmwasser:
180 kWh (Schätzung)

Nach der Renovation Energieverbrauch pro m² Wohnfläche
und Jahr für Heizung und Warmwasser: 42,8 kWh

Investitionen Ca. 380 000 Franken
für die energetische Sanierung

Das renovierte Haus mit dem Anbau

Nachdem die Besitzerfamilie das ehemalige Fabrikarbeiterhaus bereits drei Jahre in Miete bewohnt hatte, konnte sie es 2007 erwerben. Das Haus war in recht gutem Zustand, aber die Grundrisse entsprachen nicht den Wünschen und der Energieverbrauch war viel zu hoch. Ein Abbruch und Neubau wäre etwa gleich teuer gekommen wie eine umfassende Modernisierung. Wegen gesetzlicher Auflagen hätte der Neubau aber weniger Wohnfläche geboten, der Abriss hätte gute Bausubstanz vernichtet. Deshalb entschlossen sich die Besitzer für die umfassende Erneuerung und Erweiterung des bestehenden Gebäudes.

Schwerpunkt der Renovation Erklärtes Ziel war die Erreichung des Minergie-P-Standards. Während der Erweiterungsbau von Beginn weg entsprechend gedämmt werden konnte, musste der Altbau zusätzlich isoliert werden. Das Dach erhielt eine 40 Zentimeter dicke Dämmung, bei der Fassade kam eine Aussenisolation zur Anwendung. Die noch benötigte Energie liefern zwei Sonnenkollektoren auf dem Dach für das Warmwasser sowie eine Wärmepumpe mit Erdsonde, die 150 Meter tief in den Boden reicht. Boden- und Deckenheizung verteilen die Wärme. Die Fotovoltaikanlage erzeugt übers Jahr gesehen deutlich mehr Strom, als im Haus benötigt wird. Wohn-, Esszimmer und Küche wurden in den Anbau mit begrüntem Schrägdach verlegt; das ursprüngliche Gebäude beherbergt Schlafzimmer, Bad und ein Büro.

Zuschnitt der Isolationsplatten für die Fassade des Altbaus

Solarzellen auf dem Hauptdach und Sonnenkollektor auf dem Dach des Anbaus

Wohnzimmerbereich im Anbau

Das begrünte Dach des Anbaus

Haustyp Einfamilienhaus

Wohnfläche 180 m²

Zimmerzahl 5,5

Heizsystem Wärmepumpe mit Erdsonde

Warmwasseraufbereitung Sonnenkollektor 5 m² mit 500 l Speicher im Keller; Nachheizung mit Wärmepumpe, falls nötig

Massnahmen an der Gebäudehülle Isolation Dach (40 cm Zelluloseflocken), Isolation Kellerdecke (12 cm Polystyrol EPS), Aussenisolation Altbau (32 cm Polystyrol EPS), Isolation Anbau (45 cm Zelluloseflocken), neue Fenster (dreifach verglast)

Weitere Massnahmen Komfortlüftung mit Wärmerückgewinnung

Vor der Renovation Energieverbrauch pro m² Wohnfläche und Jahr für Heizung und Warmwasser: 200 kWh

Nach der Renovation Stromüberschuss dank Fotovoltaikanlage: 2000 kWh pro Jahr

Investitionen Ca. 120 000 Franken für die energetische Sanierung, 60 000 Franken für die Fotovoltaikanlage

Das Haus mit neuem Dachgeschoss und Flachdach

Der jährliche Ölverbrauch des 1954 erbauten Backsteinhauses in Frick war erschreckend hoch. Und für die neuen Besitzer, eine fünfköpfige Familie, bot das Obergeschoss zu wenig Wohnraum. Zuerst planten sie einen konventionellen Ausbau des Satteldachs. Bald war aber klar, dass wegen der Dachschrägen die neuen Wohnräume zu niedrig und zu klein werden würden. Die Eigentümer entschieden sich für eine ungewöhnliche Variante: Das Satteldach, die Wände und der Boden des Obergeschosses wurden abgerissen und durch ein völlig neues Obergeschoss mit Flachdach ersetzt. Zudem sollte das Haus nach der Renovation und Erweiterung dem Minergie-Standard entsprechen.

Schwerpunkt der Renovation Das neue Obergeschoss wurde in der Werkhalle vorgefertigt; die Isolation mit Zellulosefasern ist 26 Zentimeter dick. Im gleichen Zug wurde auch das Erdgeschoss mit einer 18 Zentimeter starken Mineralwolleschicht gedämmt. Das ganze Gebäude erhielt zudem Wärmeschutzfenster. Auf dem Dach befinden sich 7,5 Quadratmeter Sonnenkollektoren zur Aufbereitung des Warmwassers und zur Unterstützung der neuen Pelletheizung. Für gute Luft im Haus sorgt eine Komfortlüftung, deren Rohre in der neu erstellten Decke zwischen Erd- und Obergeschoss untergebracht sind. Und ein Regenwassersammler im Boden des Vorgartens versorgt die WC-Spülung mit Wasser.

er Sonnenkollektor für die Warmwasser-
ufbereitung auf dem Hausdach

Eckdetail des
neuen Haus-
dachs

Einbau der vorgefertigten
Wandelemente

as Haus vor der Sanierung

Einbau der vorgefertigten Dachelemente

austyp Einfamilienhaus

Vohnfläche 201 m²

immerzahl 8

leizsystem Pelletofen und
onnenkollektor

Varmwasseraufbereitung Sonnen-
ollektor 7,5 m² mit 750 l Speicher
n Keller; Nachheizung mit dem
elletofen, falls nötig

Massnahmen an der Gebäudehülle
olation gesamtes Obergeschoss
26 cm Zelluloseflocken), Iso-
ation Erdgeschoss und beheizte
äume im Untergeschoss (18 cm
Mineralwolle), neue Wärmeschutz-
enster

Weitere Massnahmen Komfortlüftung mit Wärmerückgewinnung,
Regenwassersammler

Vor der Renovation Energieverbrauch pro m² Wohnfläche
für Heizung und Warmwasser:
155 kWh/Jahr

Nach der Renovation Energieverbrauch pro m² Wohnfläche
für Heizung und Warmwasser:
40 kWh/Jahr

Investitionen Ca. 115 000 Franken
für die energetische Sanierung

Das fertig renovierte Haus mit den Solarzellen auf dem Dach

Anlass für die Sanierung des Doppeleinfamilienhauses aus den Fünfziger-
jahren war der anstehende Ersatz der Heizungsanlage. Der Wunsch des
Besitzers war eine Wärmepumpe mit Erdsonde, was aber wegen der
schlechten Dämmwerte von Dach und Fassade zu einer wenig effizienten
Energieproduktion geführt hätte. Deshalb beschloss er zusammen mit
dem Architekten, das Haus nach Minergie-Standard zu sanieren.

Schwerpunkt der Renovation Da die Grundrisse den Ansprüchen
genügten, beschränkten sich die Arbeiten vor allem auf die Sanierung der
Gebäudehülle. Alle Fassaden wurden aussen gedämmt, der Estrichboden
und die Kellerdecke isoliert und die Fenster ausgetauscht. Zudem liess
der Besitzer eine Komfortlüftung einbauen, um trotz der nun sehr dichten
Gebäudehülle für ein gutes Wohnklima zu sorgen. Die neue Heizanlage
besteht aus einer Wärmepumpe mit einer 180 Meter in die Tiefe reichenden
Sonde. Der Strom für den Betrieb der Pumpe wird von einer Fotovoltaikanlage auf dem Dach erzeugt. Übers Jahr betrachtet, erzeugt das Haus
so mehr Energie als Heizung und Warmwasser sowie die Lüftungsanlage
benötigen. Ohne Strom aus dem öffentlichen Netz geht es aber nicht:
Denn im Winter, wenn die Sonne wenig scheint, reicht die Leistung
der Solaranlage nicht, um die Wärmepumpe zu betreiben. Dafür wird im
Sommer der Überschuss ins öffentliche Netz eingespiesen.

Montage der Aussenisolation an der Fassade

Spezialelement zur Montage eines Lichtschalters in der isolierten Fassade

Solarzellen für die Stromproduktion auf dem Dach

Lüftungsgerät und Luftverteilung im Estrich

Technikzentrale und Wärmepumpe im Keller

Haustyp Doppeleinfamilienhaus

Wohnfläche 125 m² (pro Haushälfte)

Zimmerzahl 4,5 (pro Haushälfte)

Heizsystem Wärmepumpe mit Erdsonde; Strom für Betrieb produziert durch Fotovoltaikanlage

Warmwasseraufbereitung Wärmepumpe mit Erdsonde; Strom für Betrieb produziert durch Fotovoltaikanlage

Massnahmen an der Gebäudehülle Isolation Estrich (25 cm Steinwolle), Aussenisolation Fassade (14 cm Mineralwolle), Isolation Kellerdecke (10 cm Steinwolle), neue Fenster (dreifach verglast)

Weitere Massnahmen Komfortlüftung mit Wärmerückgewinnung

Vor der Renovation Energieverbrauch pro m² Wohnfläche und Jahr für Heizung und Warmwasser: 219 kWh

Nach der Renovation Stromüberschuss dank Fotovoltaikanlage: 1900 kWh pro Jahr

Investitionen Ca. 550 000 Franken für die energetische Sanierung (inklusive Fotovoltaikanlage)

Anhang

- Checkliste Bauteilzustand
- Vor- und Nachteile gängiger Isolationsmaterialien
- Glossar
- Adressen und Links
- Literatur
- Stichwortverzeichnis

Checkliste Bauteilzustand

Bauteil	Anzahl Jahre seit Renovation oder Erstellung	Lebensdauer in Jahren
Hausdach		
Estrichboden		
Hauswände		
Fenster		
Rollladen- und Storenkästen		
Auskragende Bauteile		
Balkone		
Haustür		
Kellerdecke		
Cheminée und Schwedenofen		
Abluft Bad		
Abluft Küche		
Heizanlage		
Heizverteilung		
Warmwasseraufbereitung		

Wie Sie diese Checkliste ausfüllen, sehen Sie im Beispiel auf Seite 57.

Zustand aus energetischer Sicht			Zustand aus baulicher Sicht			Dringlichkeit der Sanierung*
Schlecht	Mittel	Gut	Schlecht	Mittel	Gut	
☐	☐	☐	☐	☐	☐	
☐	☐	☐	☐	☐	☐	
☐	☐	☐	☐	☐	☐	
☐	☐	☐	☐	☐	☐	
☐	☐	☐	☐	☐	☐	
☐	☐	☐	☐	☐	☐	
☐	☐	☐	☐	☐	☐	
☐	☐	☐	☐	☐	☐	
☐	☐	☐	☐	☐	☐	
☐	☐	☐	☐	☐	☐	
☐	☐	☐	☐	☐	☐	
☐	☐	☐	☐	☐	☐	
☐	☐	☐	☐	☐	☐	
☐	☐	☐	☐	☐	☐	
☐	☐	☐	☐	☐	☐	

*10 = sofort, 1 = langfristig

Vor- und Nachteile gängiger Isolationsmaterialien

Material	Vorteile
Holzweichfasern (Matten, Platten, Trittschallplatten)	Aus natürlichen Holzabfällen, alterungsbeständig, keine oder wenig Bindemittel, guter Wärmedämmwert
Kork (Platten, Granulat)	Nachhaltig gewonnen in Eichenhainen in Iberien, wenig graue Energie (Transport)
Hanf (Platten, Matten, Filz)	Geringe Herstellenergie, europäisches Produkt, Pflanzenschutz unnötig, guter Wärmedämmwert
Flachs (Matten, Trittschallplatten)	Geringe Herstellenergie, europäisches Produkt, Nebenprodukt aus Papier-, Textil- und Leinölgewinnung, guter Wärmedämmwert
Schafwolle (Matten, Filz, Stopfwolle)	Atmungsaktiv, kann viel Feuchte aufnehmen, dämmt und klimatisiert hervorragend, kann Schadstoffe wie Formaldehyd neutralisieren
Baumwolle (Matten, Filz, Stopfwolle)	Geringe Herstellenergie, guter Wärmedämmwert
Zelluloseflocken (zum Einblasen oder Aufspritzen)	Recyclingmaterial aus alten Zeitungen, Feuchte regulierend; preiswert, guter Wärmedämmwert und Schallschutz
Kokosfaser (Platten, Rohfilz, Stopfmaterial)	Verrottungsbeständig, beständig gegen Schimmel, guter Wärmedämmwert und Schallschutz
Multipor (Kalk, Sand, Zement, Wasser)	Diffusionsoffen, nicht brennbar, formstabil, leicht, vielseitig einsetzbar, guter Ersatz von geschäumten Platten (EPS)
EPS, XPS	Wasserresistent, leicht zu verarbeiten, sehr guter Wärmedämmwert, günstig
Stein- und Glaswolle (Platten, Matten, Stopfwolle)	Gute Isolationseigenschaften, alterungsbeständig, leicht und biegsam, unempfindlich gegen Feuchte
Schaumglas	Leicht, gute Materialeigenschaften
Vakuumisolations-paneele VIP	Sehr dünn, isolieren zehnmal besser als übliche Dämmstoffe
Aerogel (Granulat, Matten)	Sehr dünn, leichtester und am besten isolierender Feststoff
Dämmputz	Ermöglicht eine Verbesserung des Dämmwerts beispielsweise an denkmalgeschützten Fassaden

Quellen: WWF, Beobachter,Stefan Hartmann

Nachteile	Einsatzbereich
Brennbar, relativ hoher Energieaufwand für Herstellung	Innen und aussen, Schallschutz, Wärmespeicher
Kann anfänglich Geruchsstoffe ausdünsten	Innen und aussen, Schallschutz, Wärmespeicher
Zum Teil Polyesterfasern zum Verstärken nötig, Flammschutz mit Soda oder Ähnlichem	Innen- und Dachdämmung
Zum Teil Pestizideinsatz im Anbau, zum Teil Polyesterfasern zum Verstärken nötig, Flammschutz mit Borsalz	Innen- und Dachdämmung, Schallschutz
Grosse Herden in Übersee, Einsatz von Insektiziden gegen Milben	Innendämmung, mit Maisstärke auch als versteifte Platten lieferbar
Belastender Anbau (Pestizide), langer Transportweg, Flammschutz mit Borsalz	Innen- und Dachdämmung, Schallschutz
Flammschutz mit Borsalz (Alternativen ohne Borsalz erhältlich)	Innen und aussen bei Fassaden, Dach und Böden
Langer Transportweg, Kokosanbau erfordert Pestizideinsatz, Flammschutz auf chemischer Basis	Innendämmung
Relativ schlechte Dämmeigenschaften im Vergleich mit anderen Isolationsmaterialien	Innen- und Aussendämmung
Hoher Energiebedarf bei Herstellung, enthält Flammschutzmittel, giftige Ausgangsprodukte, empfindlich für Beschädigungen	In fast allen Bereichen anwendbar, der am häufigsten verwendete Dämmstoff für Aussenisolationen
Hoher Energiebedarf bei Herstellung, Glasfaserstaub bei Verarbeitung	Aussendämmung
Relativ teuer, hoher Energiebedarf bei Herstellung	Kelleraussenwände, Kellerunterseite (als Schotter), Flachdächer
Relativ teuer, bei Beschädigung Verlust der Isolationsleistung	Aussendämmung
Relativ teuer	Zum Einblasen in sehr dünne Hohlräume und für Spezialanwendungen
Wegen der vergleichsweise geringen Dicke beschränkte Isolationsleistung	Aussendämmung

Glossar

Absorber: Kernstück des Kollektors. Dunkel gefärbte Fläche, die die Sonnenstrahlung aufnimmt und an den durchfliessenden Wärmeträger abgibt. Bei verglasten Kollektoren aus Kupfer oder Aluminium, bei unverglasten Kollektoren auch aus Kunststoff.

CO_2: Kohlenstoffdioxid, kurz CO_2 genannt, entsteht bei der Verbrennung kohlenstoffhaltiger Brennstoffe wie Öl, Gas oder Holz. Da CO_2 in der Atmosphäre einen Teil der Wärmestrahlung (Infrarotstrahlung) der Sonne absorbiert, fördert es die Erwärmung der Erdatmosphäre und gilt deshalb als Treibhausgas.

Dachsparren: Tragende Konstruktion eines Giebel- oder Pultdachs, umgangssprachlich oft Dachbalken genannt. Die Sparren liegen parallel nebeneinander und verlaufen von der Traufe bis zum Giebel eines Daches. Auf den Sparren werden horizontal Dachlatten aufgenagelt, die dann die Dachhaut, zum Beispiel Dachziegel, tragen.

Dampfbremse: Die Dampfbremse funktioniert analog zur Dampfsperre, stoppt die Wasserdampfdiffusion aber nicht vollständig, sondern bremst sie nur ab.

Dampfsperre: Abdichtung gegen Dampfdiffusion. Eine Folie wird auf der warmen Seite einer Isolationsschicht aufgebracht und verhindert, dass Feuchte vom Rauminnern in die Isolationsschicht gelangt und dort kondensiert.

Diffusionsgeschlossen: Bei einer diffusiongeschlossenen Konstruktion verhindert eine Dampfsperre oder Dampfbremse das Eindringen von Wasserdampf in die Isolationsschicht.

Diffusionsoffen: Bei einer diffusionsoffenen Konstruktion kann Wasserdampf von den Räumen ungehindert bis in die Isolationsschicht diffundieren. Dies ist nur bei Wand- oder Dachaufbauten möglich, die den Wasserdampf bis an die Aussenluft weitertransportieren. Ist dies nicht der Fall, muss eine diffusionsgeschlossene Konstruktion mit einer Dampfsperre oder Dampfbremse gewählt werden.

Energiebezugsfläche: Bodenfläche aller beheizten Räume in einem Haus inklusive Grundrissfläche der umgebenden Mauern.

Energiekennzahl: Die Energiekennzahl gibt an, wie viel Energie pro Quadratmeter Energiebezugsfläche in einem Haus pro Jahr für Heizung und Warmwasser benötigt wird (Energiebezugsfläche siehe oben). Die Angabe der

Energiekennzahl erfolgt in der Regel in Kilowattstunden pro Quadratmeter und Jahr (kWh/m²a) oder in Megajoule pro Quadratmeter und Jahr (MJ/m²a). Häufig ist auch die Angabe in Litern Heizöl. Dabei gilt: 1 Liter Heizöl =10 kWh oder 36 MJ.

Flachkollektor: Variante des Sonnenkollektors mit flacher Bauform (in der Schweiz zu 95 Prozent eingesetzt). Er verfügt über eine flache Absorberfläche, die die Sonnenstrahlung absorbiert. Der Absorber ist mit einem hagelresistenten und besonders lichtdurchlässigen Spezialglas abgedeckt.

Fotovoltaik: Fachbegriff für Solarstrom. Durch eine lichtempfindliche Oberfläche wird das Sonnenlicht in den sogenannten Solarzellen direkt in Strom umgewandelt, der ins Netz eingespiesen werden kann.

Glaswolle: Mineralischer, faseriger Dämmstoff, hergestellt aus einer Schmelze von Kalk, Quarzsand, Soda und bis zu 70 Prozent Altglas. Glaswolle besitzt eine hohe Elastizität und gute akustische Eigenschaften. Sie wird hergestellt als Dämmmatte und hauptsächlich eingesetzt als Dämmung zwischen Dachsparren.

Heizöl-Äquivalent: Weil Öl als Heizenergie für die meisten Leute am vertrautesten ist, werden in Vergleichen und Berechnungen andere Energieträger (wie Gas, Holzpellets) in den Heizwert von Heizöl umgerechnet.

Hinterlüftete Fassade: Bei einer hinterlüfteten Fassade wird die Wärmedämmung durch eine widerstandsfähige äussere Schicht gegen die Witterung geschützt. Diese Wetterschutzschicht (Holzfassade, Steinplatten, Eternitplatten oder Ähnliches) ist durch eine Luftschicht von der Isolation getrennt. Für den nötigen Abstand sorgen senkrecht angebrachte Holzlatten oder Konstruktionen aus Aluminium. Die Konstruktion hat den Vorteil, dass Feuchtigkeit von innen und Schlagregen von aussen durch die Luft im Spalt abtransportiert wird, ohne Schaden anzurichten.

Innendämmung: Wärmedämmung einer Aussenwand von innen, entweder direkt aufgebracht oder zwischen einem Holzständerwerk verlegt. Eine Dampfsperre zur Raumseite ist erforderlich. Nachteil: Das Mauerwerk liegt in der Frostzone und die Innenwand verliert Wärmespeichervermögen. Als nachträgliche Dämmung bei schwierigen oder denkmalgeschützten Aussenfassaden zu empfehlen.

Kältebrücke: siehe Wärmebrücke

Komfortlüftung: In modernen, sehr dichten Häusern sorgen heute oft Komfortlüftungen für frische Luft. Sie machen das Lüften via Fenster unnötig und behalten dank Wärmetauscher den grössten Teil der Heizwärme im Haus. Die Frischluft wird ausserhalb des Hauses angesaugt, im Lüftungsgerät durch den Wärmetauscher geleitet und dort mit der Abwärme der verbrauchten Luft temperiert. Dann gelangt sie über ein Rohrsystem in die Wohnräume, wird meist in Bad oder Küche wieder abgesaugt und via Wärmetauscher nach draussen geleitet. In Bauten nach Minergie-Standard ist eine Komfortlüftung Pflicht.

Kondensierender Heizkessel: Die Abgase von Gas- und Ölheizungen enthalten Wasserdampf. Kondensiert dieser Wasserdampf bei der Abkühlung, entsteht Energie. Diese wird bei kondensierenden Heizkesseln genutzt und erhöht so den Wirkungsgrad.

Kondenswasser: Kommt warme und feuchte Luft mit einer kühleren Oberfläche in Berührung, schlägt sich dort Wasser nieder. Dieses wird Kondenswasser genannt.

Lambda-Wert (λ-Wert): Bezeichnet die Leitfähigkeit von Dämmstoffen. Je tiefer der Wert, desto schlechter leitet das Material Wärme und desto besser ist der Isolationseffekt. Gute Dämmstoffe erreichen einen λ-Wert von 30 bis 35 mW/mK (Milliwatt pro Meter und Kelvin; zu Kelvin siehe Eintrag «U-Wert»).

Laibungsdämmung: Wird die Hausfassade nachträglich isoliert, dürfen die Fensterlaibungen, also die Mauerflächen seitlich neben den Fenstern, nicht vergessen gehen. Sonst bestehen dort Kältebrücken. In der Regel werden Laibungen mindestens zwei Zentimeter dick isoliert.

Mineralwolle: Mineralischer Dämmstoff zum Wärme-, Schall- und Brandschutz. Üblicherweise eingesetzt werden Glaswolle oder Steinwolle.

Minergie: Minergie ist ein geschützter Baustandard. Bauten, die nach dem Minergie-Standard saniert werden, dürfen anschliessend maximal 60 kWh Energie pro Quadratmeter und Jahr für Heizung und Warmwasser brauchen (Energiekennzahl). Unabhängige Zertifizierungsstellen kontrollieren die Einhaltung der Werte und vergeben das Minergie-Label an die Hausbesitzer.

Minergie Eco: Bauten nach dem Standard Minergie Eco müssen nicht nur die Vorgaben gemäss den Standards Minergie oder Minergie-P erfüllen, sondern zusätzlich auch noch mit besonders umweltverträglichen Materialien erstellt werden und spezielle Anforderungen bezüglich Innenraumklima, grauer Energie oder Lärmbelastung erfüllen.

Minergie-P: Minergie-P ist die hiesige Variante des Passivhaus-Standards, der vor allem in Deutschland und Österreich bekannt ist. Im Gegensatz zum Minergie-Standard darf der Energieverbrauch auch bei einer Sanierung nur 30 kWh pro Quadratmeter und Jahr betragen.

Solarspeicher: Speichert die Solarwärme und dient zur Überbrückung von Schlechtwetterperioden. Bei Anlagen fürs Brauchwarmwasser ähnelt er einem konventionellen Boiler; bei einer Solaranlage für Warmwasser und Heizung kommt ein Kombispeicher zum Einsatz. Dabei ist der Speicher fürs Brauchwasser mitten im Heizungsspeicher platziert.

Sonnenkollektor: Anlage, die Sonnenstrahlung absorbiert, diese in Wärme umwandelt und an einen Wärmeträger (zum Beispiel Wasser-Glykol-Gemisch) abgibt, der den Kollektor durchströmt.

Steinwolle: Das Isolationsmaterial Steinwolle wird aus einer Schmelze von Basalt oder Diabasgestein hergestellt/ zerfasert und in Platten und Matten gepresst. Steinwolle ist dampfdiffusionsoffen, nicht brennbar und wird zum Wärme-, Schall- und Brandschutz in Gebäuden eingesetzt.

Taupunkt: Ort, wo die in der Luft enthaltene Feuchtigkeit aufgrund der Temperatur kondensiert. Beispiel: Im Winter setzt sich auf schlecht isolierenden Fenstern oft Wasser ab, da die Oberfläche relativ kalt ist und die in der warmen Luft enthaltene Feuchtigkeit kondensiert.

U-Wert: Der U-Wert gibt an, wie viel Wärme durch ein Bauteil verloren geht. Er wird in W/m^2K angegeben. Ein Beispiel: Beträgt der Verlust 0,5 W/m^2K bedeutet das, dass bei einer Temperaturdifferenz zwischen innen und aussen von 1 Grad Kelvin pro Quadratmeter Fläche 0,5 Watt Wärme verloren gehen.

Bei einer Fläche von 100 Quadratmetern und einer Temperaturdifferenz von innen und aussen von 20 K (aussen 0, innen 20 Grad) beträgt die verlorene Wärmeleistung 0,5 (W) x 100 (m²) x 20 (K) = 1000 W. Damit die Innentemperatur gehalten werden kann, muss die Heizung für den betreffenden Raum also die Leistung von 1000 W erbringen. Ein kleiner U-Wert (unter 1 für Fenster, unter 0,3 für Dächer und Wände) weist auf gute Isolationseigenschaften hin (Kelvin: Temperatureinheit mit gleicher Abstufung wie Celsius; 0 Grad Kelvin = –273 Grad Celsius).

Vakuumröhrenkollektor: Wichtig für den Wirkungsgrad von Kollektoren ist die Isolation, damit möglichst wenig der aus der Lichteinstrahlung entstandenen Wärme verloren geht. Bei Flachkollektoren wird auf der Rückseite eine hitzebeständige Isolation, auf der Vorderseite eine Glasscheibe verwendet. Bei Röhrenkollektoren werden Glasröhren eingesetzt, die die Absorberröhre umhüllen. Im Zwischenraum wird ein Vakuum erzeugt, das isolierend wirkt. Das ergibt einen höheren Wirkungsgrad als bei Flachkollektoren.

Wärmebrücke: Der Begriff beschreibt eine Stelle an einem Gebäude, wo die Wärme besser geleitet wird als am restlichen Bauwerk. An einer solchen Stelle fliesst die Wärme von der warmen zur kalten Seite und führt so zu Energieverlusten. Typische Wärmebrücken sind bei älteren Häusern Balkone, die direkt mit den Zimmerböden verbunden sind.

Wärmepumpe: Eine Wärmepumpe funktioniert ähnlich wie ein Kühlschrank. Statt der Kälte wird aber die – beim Kühlschrank unerwünschte – Wärme genutzt: Durch Verdichtung mithilfe eines Kompressors wird die Temperatur eines Mediums (Kältemittel) erhöht und kann so zum Heizen oder zur Aufbereitung von Warmwasser gebraucht werden. Gebräuchlich sind heute entweder Wärmepumpen, die die Umgebungsluft nutzen, oder solche, die an eine Erdsonde angeschlossen sind. Letztere gelten als besonders effizient, da sie das ganze Jahr über mit einer relativ konstanten Ausgangstemperatur arbeiten können, währen die Umgebungstemperatur variieren kann. Wärmepumpen sind sehr energieeffizient, da sie mit der für die Kompression benötigten Strommenge das Vier- oder Fünffache an Wärmeenergie erzeugen. Wärmepumpen gelten deshalb als besonders ökologische Heizsysteme.

Wärmeschutzfenster: Moderne Fenster verfügen heute in der Regel über eine Wärmeschutzverglasung. Die Innenseite der innersten Scheibe ist dazu mit einer speziellen Beschichtung versehen, die die Wärme zurückreflektiert und so den Wärmeverlust zusätzlich bremst. Entsprechend ist es wichtig, dass die Gläser der Wärmeschutzverglasung richtig herum eingesetzt werden.

Windpapier: Bei Fachwerk- und Holzbauten ist die Winddichtigkeit ein wichtiges Thema. Um zu verhindern, dass Luft zwischen den Ritzen im Holz passieren kann, wird deshalb auf der Innenseite einer Holz- oder Fachwerkwand ein sogenanntes Windpapier befestigt. Dieses macht die Konstruktion winddicht – vorausgesetzt, es wird sauber verlegt und die Stösse werden abgeklebt. Oft übernimmt eine Dampfbremse die Funktion des Windpapiers.

Zellulosedämmstoff: Dämmstoff auf Altpapierbasis, erhältlich in Flockenform (zum Einblasen) oder als Dämmplatten. Alternative zu den mineralischen Dämmstoffen. Häufig verwendet in modernen Holzbauten.

Adressen und Links

Amtsstellen und Verbände

Bundesamt für Energie BFE
3003 Bern
Tel. 031 322 56 11
www.eneregie-schweiz.ch oder
www.bfe.admin.ch
Breites Informationsangebot rund um
energiesparende Massnahmen;
Links zu kantonalen Organisationen
und zu Fördergeldern; verschiedene
Broschüren zum Herunterladen unter
«Information, Beratung und Tipps»

Bundesamt für Umwelt BAFU
3003 Bern
Tel. 031 322 93 11
www.umwelt-schweiz.ch oder
www.bafu.admin.ch
Informationen rund um den Umweltschutz in der Schweiz und die
Umweltschutzprogramme des Bundes

Hauseigentümerverband Schweiz
Seefeldstrasse 60
8032 Zürich
Tel. 044 254 90 20
www.shev.ch
Vertritt die politischen und wirtschaftlichen Interessen der Hauseigentümer; Beratung für Mitglieder
in den Bereichen Bau und Miet-
zinsgestaltung

Hausverein Schweiz
Bollwerk 35
3001 Bern
Tel. 031 311 50 55
www.hausverein.ch
Richtet sich an sozial orientierte
Haus- und Wohnungseigentümer.
Beratung für Mitglieder in
den Bereichen Bau und Mietzins-
gestaltung

Schweizer Stockwerkeigentümer-
verband
Mettmenriedt-Weg 5
8606 Greifensee
Tel. 043 244 56 40
www.stockwerk.ch

Schweizerische Agentur für
Energieeffizienz SAFE
Schaffhauserstrasse 34
8006 Zürich
Tel. 044 362 92 31
www.energieeffizienz.ch
Setzt sich für die effiziente Nutzung
von Energie ein

Schweizerische Energiestiftung
SES
Sihlquai 67
8005 Zürich
Tel. 044 271 54 64
www.energiestiftung.ch
Energiepolitische
Umweltorganisation

**Schweizerischer Mieterinnen-
und Mieterverband**
Zentralsekretariat Deutschschweiz
Bäckerstrasse 52
8004 Zürich
Tel. 043 243 40 40
www.mieterverband.ch
Links zu den kantonalen Verbänden
und zur Beratung für Mieterinnen und
Mieter auf der Homepage

WWF Schweiz
Hohlstrasse 110
8010 Zürich
Tel. 044 297 21 21
www.wwf.ch
Umweltorganisation mit starkem
Engagement im Bereich Energie-
sparen

Beratung

Beobachter-Beratungszentrum
Das Wissen und der Rat der Fachleute
in acht Rechtsgebieten stehen den
Mitgliedern des Beobachters im Internet und am Telefon unentgeltlich zur
Verfügung. Wer kein Abonnement hat,
kann online oder am Telefon eines
bestellen und erhält sofort Zugang zu
den Dienstleistungen.
– HelpOnline: rund um die Uhr im
  Internet unter www.beobachter.ch/
  beratung (→ HelpOnline), Rubrik:
  Wohnen und Geld
– Telefon: Montag bis Freitag von
  9 bis 13 Uhr, Fachbereich
  Wohnen: Tel. 043 444 54 02, Fachbereich Geld: Tel. 043 444 54 07

– Anwaltssuche: Vertrauenswürdige
  Anwältinnen und Anwälte in Ihrer
  Region unter www.beobachter.ch/
  beratung (→ Anwaltssuche)

Fördergemeinschaft Wärmepumpen
Steinerstrasse 37
3006 Bern
Tel. 031 350 40 65
www.fws.ch

Holzenergie Schweiz
Neugasse 6
8005 Zürich
Tel. 044 250 88 11
www.holzenergie.ch

Informationsstelle Heizöl
Spitalgasse 5
8001 Zürich
Tel. 044 218 50 16
www.heizoel.ch

**Interessengemeinschaft Passivhaus
Schweiz**
Lussistrasse 7
8536 Hüttwilen
Tel. 052 740 01 48
www.igpassivhaus.ch

**Kammer unabhängiger
Bauherrenberater**
Giessereistrasse 18
8005 Zürich
Tel. 044 434 78 82
www.kub.ch
Unterstützt Bauherren in Fragen
der Machbarkeit und Umsetzung von
Bauarbeiten

**Schweizerische Interessen-
gemeinschaft für Baubiologie und
Bauökologie SIB**
Riethaldenstrasse 23
8266 Steckborn
Tel. 052 212 78 83
Beratungstelefon 0848 105 848
(zu Bürozeiten)
www.baubio.ch

**Schweizerische Vereinigung
für Geothermie**
Zürcherstrasse 105
8500 Frauenfeld
Tel. 052 721 79 02
www.geothermie.ch

**Schweizerischer Fachverband
für Sonnenenergie**
Neugasse 6
8005 Zürich
Tel. 044 250 88 33
www.swissolar.ch

**Verband der Schweizerischen
Gasindustrie**
Grütlistrasse 44
8027 Zürich
Tel. 044 288 31 31
www.erdgas.ch

Verband Fernwärme Schweiz
Römerweg 2
5443 Niederrohrdorf
Tel. 056 534 40 02
www.fernwaerme-schweiz.ch

Verein Minergie Geschäftsstelle
Steinerstrasse 37
3006 Bern
Tel. 031 350 40 60
www.minergie.ch
Ausführliche Informationen zum
Thema Minergie; Formulare und
Broschüren zum Herunterladen

WKK-Fachverband
Stadtturmstrasse 13
5400 Baden
Tel. 079 48 34 666
www.waermekraftkopplung.ch

Finanzielles

Hypothekenbörse AG
Uster-West 18
8610 Uster
Tel. 044 366 53 53
www.hypotheken-boerse.ch
Suche nach preiswerten
(Öko-)Hypotheken

VZ Vermögenszentrum
Beethovenstrasse 24
8002 Zürich
Tel. 044 207 27 27
www.vermoegenszentrum.ch
Unabhängiges Finanzdienst-
leistungsunternehmen; Hypothekar-
zinsvergleich

Nützliche Links

www.bau-schlau.ch
Gebäudekampagne von Energie Schweiz und BFE für energieeffizientes Bauen und Sanieren

www.baubio.ch
Schweizerische Interessengemeinschaft für Baubiologie und Bauökologie

www.baublatt-online.ch
Website mit breitem Informationsangebot zu Baufragen

www.bauteilkatalog.ch
Ökologische Informationen zu einzelnen Bauteilen

www.bfe.admin.ch/energiefachstellen
Liste aller Energiefachstellen in den Kantonen

www.comparis.ch
Hypothekenbörse, online persönliche Angebote einholen

www.dasgebaeudeprogramm.ch
Informationen zur finanziellen Unterstützung energetischer Sanierungen durch Bund und Kantone; mit den Kontaktadressen in allen Kantone und Gesuchsformularen

www.ecospeed.ch
Onlinetest zur eigenen CO_2-Bilanz

www.endk.ch
Informationen zur Einführung der neuen Bauvorschriften im Bereich Energieverbrauch der Gebäude

www.energetisch-modernisieren.ch
Alle Informationen rund um die Förderprogramme im Kanton Zürich

www.energieeffizienz.ch
Homepage der Schweizerischen Agentur für Energieeffizienz

www.energieetikette.ch
Informationen zur Energieetikette für Elektrogeräte

www.energiefranken.ch
Infotool zu den am jeweiligen Ort erhältlichen Fördergeldern für die energetische Sanierung

www.energiekennzahl.ch
Onlinetool zur Berechnung des Energieverbrauchs des eigenen Hauses

www.energiestadt.ch
Link zu den Schweizer Gemeinden, die das Energiesparen speziell fördern

www.energybox.ch
Informationen zu Stromsparpotenzialen

www.5050.ch
Tipps zum Energiesparen für Kinder

www.flumroc.ch
Hersteller von Dämmmaterial; informative Broschüren zum Herunterladen

www.footprint.ch
Onlinetest des WWF zur eigenen Umweltbilanz

www.fsc-schweiz.ch
Informationen zum FSC-Label

www.geak.ch
Informationen zum Gebäudeenergieausweis der Kantone

www.gesund-wohnen.ch
Informationen rund ums gesunde
Wohnen; Fachgruppe Hausunter-
suchung

www.heatbox.ch
Contracting für Heizungsanlagen

www.labelinfo.ch
Informationen zu allen in der Schweiz
gebräuchlichen Konsumentenlabels
(auch Baubereich)

www.natureplus.ch
Label für ökologische Baustoffe

www.mieterverband.ch
Informationen rund um Mietzinserhöhungen

www.mietrecht.ch
Onlinetool zur Berechnung von Mietzinserhöhungen bei Sanierungen und
die rechtlichen Aspekte dazu

www.probewohnen.ch
Link zu Probewohnmöglichkeiten in
Bauten nach Standard Minergie-P

www.proclim.ch/facts/pcc/pcc.html
Onlinetest zur eigenen CO_2-Bilanz

www.raumlufthygiene.ch
Auf Wohnschadstoffe spezialisiertes
Unternehmen

www.renovero.ch
Internet-Marktplatz, auf dem Auftraggeber ihre Aufträge beschreiben
können und dann von interessierten
Handwerkern Offerten erhalten

www.s-cert.ch
Informationen zum Label für Gutes
Innenraumklima GI

www.so-einfach.ch
Tipps zum Energiesparen im Alltag

www.stadt-zuerich.ch/energiespiel
Vergleichsmöglichkeit für den eigenen
Energieverbrauch

www.swisspower.ch
Contracting für Heizungsanlagen

www.topfenster.ch
Informationen zu besonders guten
Fenstern

www.topten.ch
Übersicht über sparsame Geräte

www.wwf.ch/heizen
Informationen zum sparsamen Heizen
und zur Ökologie von Heizsystemen

www.wwf.ch/solar
Berechnungstool für Sonnenkollektoren

Architektensuche online
www.arch-forum.ch
www.architekten-bsa.ch
www.swiss-architects.com
www.sia.ch/referenzen

Literatur

Beobachter-Ratgeber

Birrer, Mathias: Stockwerkeigentum. Kaufen, finanzieren, leben in der Gemeinschaft. 4. Auflage, Zürich 2007

Birrer, Mathias: Im Clinch mit den Nachbarn. Das Handbuch für Eigentümer und Mieter. 2. Auflage, Zürich 2007

Chatelain, Claude: Steuern leicht gemacht. Praktisches Handbuch für Angestellte, Selbständige und Eigenheimbesitzer. 6. Auflage, Zürich 2010

Strub, Patrick: Mietrecht. Umzug, Kosten, Kündigung – alles, was Mieter wissen müssen: 7. Auflage, Zürich 2010

Westermann, Reto; Meyer, Üsé; Schettler, Ulrike: Umbauen, Renovieren, Erweitern. Machen Sie das Beste aus Ihrem Eigenheim. Zürich, 2006

Westermann, Reto; Meyer, Üsé: Der Weg zum Eigenheim. Kauf, Bau, Finanzierung und Unterhalt. 6. Auflage, Zürich 2009

Weitere Bücher

Coutalides, Reto: Innenraumklima. Wege zu gesunden Bauten. Werd-Verlag, Zürich 2009

Hoffmann, Reinhard: Altbauten energetisch sanieren. Franzis Verlag, Poing 2009

Koschenz, Markus; Pfeiffer, Andreas: Potenzial Wohngebäude. Energie- und Gebäudetechnik für die 2000-Watt-Gesellschaft. Faktor-Verlag, Zürich 2005

Ragonesi, Marco; Menti, Urs-Peter; Tschui, Adrian; Zurfluh, Benno: Minergie-P – Das Haus der 2000-Watt-Gesellschaft. 2. Auflage, Faktor-Verlag, Zürich 2009

Stichwortverzeichnis

GUT BERATEN

DER WEG ZUM EIGENHEIM

Sie träumen vom eigenen Heim, haben gerade ein Haus gekauft oder sind bereits stolzer Eigenheimbesitzer? Im Beobachter-Ratgeber erfahren Sie, worauf es bei Kauf, Bau, Renovation, Unterhalt und Wiederverkauf ankommt. Hier finden Sie praktische, rechtliche und finanzielle Infos und Ratschläge.

256 Seiten, broschiert
ISBN 978 3 85569 411 2

STOCKWERKEIGENTUM

Der Beobachter-Ratgeber ist ein unentbehrlicher Begleiter für alle, die eine Wohnung kaufen, bereits darin leben oder sie verkaufen wollen.
Er zeigt optimale Finanzierungsmöglichkeiten und weist auf die heiklen Punkte im Kaufvertrag hin. Auch das Leben in der Gemeinschaft wird behandelt: Reglement, Hausordnung, Kostenverteilung, Renovation, Unterhalt und Verkauf der Wohnung.

264 Seiten, broschiert
ISBN 978 3 85569 366 5

MIETRECHT

Von der Wohnungssuche über den Mietvertrag und die Nebenkostenabrechnung bis zum Auszug: Praktische Tipps, Beispiele und Musterbriefe zeigen, wie man richtig vorgeht. Leicht verständlich schafft das überarbeitete Standardwerk die optimale Grundlage für ein besseres Verhältnis mit Vermietern und Nachbarn.

256 Seiten, broschiert
ISBN 978 3 85569 429 7

Neu: Die E-Books des Beobachters
Einfach, schnell, online. www.beobachter.ch/ebooks

Beobachter
Buchverlag

GUT BERATEN

UMBAUEN, RENOVIEREN, ERWEITERN

So klappts mit dem Umbau! Dieses Handbuch beantwortet alle praktischen, finanziellen und rechtlichen Fragen. Wie sollen wir vorgehen? Was können wir selber machen, und wofür braucht es Bauprofis? Wie haben wir die Kosten im Griff? Alle Themen sind umfassend erklärt: Bedürfnisklärung, Bauplanung, Finanzierung, Kostenkontrolle, Steuerfolgen und Umgang mit Mängeln.

232 Seiten, broschiert
ISBN 978 3 85569 345 0

IM CLINCH MIT DEN NACHBARN

Der Schlagzeug spielende Nachbarssohn, der Grillfreund von nebenan oder die Linde und ihr Laub: Anschauliche Beispiele von Nachbarschaftsstreitereien gibt es in Hülle und Fülle. Das Beobachter-Standardwerk zeigt, wie es sich mit Nachbarn besser leben und streiten lässt.

240 Seiten, broschiert
ISBN 978 3 85569 375 7

ZUSAMMEN LEBEN, ZUSAMMEN WOHNEN

Der Beobachter-Konkubinatsratgeber berät als einziger der Schweiz unverheiratete Paare. Das Handbuch beantwortet alle rechtlichen, finanziellen und organisatorischen Fragen: Gemeinsam haushalten, Geld verdienen, Kinder betreuen oder vorsorgen sind nur einige der Themen. Gleichgeschlechtliche Paare finden zudem das komplette, ausführlich kommentierte Partnerschaftsgesetz

240 Seiten, broschiert
ISBN 978 3 85569 436 5

Neu: Die E-Books des Beobachters
Einfach, schnell, online. www.beobachter.ch/ebooks

GUT BERATEN

SCHREIBEN LEICHT GEMACHT

Wie formuliere ich einen Vertrag? Worauf muss ich bei einer Einsprache achten? Wann sind E-Mails angebracht und sind sie überhaupt rechtsgültig? Dieses Handbuch bietet viel juristisches Praxiswissen aus dem Beobachter-Beratungsalltag. Es enthält über 200 Brief- und Vertragsvorlagen – auch auf CD-ROM zum unmittelbaren Gebrauch.

352 Seiten, inkl. CD-ROM, gebunden
ISBN 978 3 85569 413 6

BUCHSET OR/ZGB

Das unverzichtbare Beobachter-Buchset für Haushalt, Studium und Beruf, aktualisiert und gestalterisch optimiert. Holen Sie sich verbindliche Antworten zu Ihren alltäglichen oder speziellen Rechtsfragen: Vollständige Gesetzestexte mit leserfreundlichen Kommentaren, Gerichtsurteilen und vielen Beispielen machen es Ihnen leicht! Mit umfassendem Stichwortverzeichnis und praktischem Register.

2 Bände, im Set gebunden
ISBN 978 3 85569 431 0

PENSIONSKASSE

Worum es bei der Pensionskasse geht? Um Milliarden von Schweizer Franken. Genaueres Hinsehen lohnt sich also. Wie funktioniert die 2. Säule? Worum geht es bei der Diskussion um Unterdeckung, Mindestverzinsung oder Umwandlungsgesetz? Der neue Ratgeber nimmt die berufliche Vorsorge unter die Lupe. Besonders anschaulich: die vielen konkreten Fallbeispiele und Tipps zum Umgang mit der Pensionskasse.

240 Seiten, broschiert
ISBN 978 3 85569 425 9

Beobachter
Buchverlag

Neu: Die E-Books des Beobachters
Einfach, schnell, online. www.beobachter.ch/ebooks